Karin Probst

einfach schön

Alles über Make-up, Pflege,
Wellness und eine tolle Ausstrahlung

Karin Probst

einfach schön

Alles über Make-up, Pflege,
Wellness und eine tolle Ausstrahlung

Bilder von Yayo Kawamura
Fotos von Claus Troendle

Klopp · Hamburg

Der Inhalt dieses Buches ist sorgfältig recherchiert und erarbeitet worden. Dennoch können weder Autorin noch Verlag für alle Angaben im Buch eine Haftung übernehmen.

Einband und Reihengestaltung: formlabor
Farbige Illustrationen von Yayo Kawamura
Fotos von Claus Troendle
Reproduktion: Die Litho, Hamburg
Druck und Bindung: Clausen & Bosse, Leck
Printed in Germany 2008
ISBN 978-3-7817-1622-3

www.erika-klopp.de

Inhalt

Kapitel 1

Das 1 x 1 der Gesichtspflege

Kapitel 2

1, 2, 3 – Schönheit ist k(l)eine Zauberei

Kapitel 3

Richtig tolle Haare

Kapitel 4

Rundum perfekter Body

Kapitel 5

Wellness

Kapitel 6

Fit for Sport

Kapitel 7

Power für dein Ego

Vorwort

Toll sind immer nur die anderen? Von wegen!

Du bist einzigartig. Du bist unverwechselbar. Du bist auf deine eigene Weise schön. Vergleichst du dich aber ständig mit anderen, wirst du deine Qualitäten nie ins rechte Licht rücken. Und das wäre doch schade.
Stell dich vor den Spiegel. Was ist das Besondere an dir? Vielleicht sind es ja deine Augen? Mit etwas Tusche kannst du sie sogar noch raffiniert betonen! Oder ist es dein Schneewittchenteint? Mit Rouge bringst du ihn zum Strahlen! Sind es deine langen Haare, die beim Laufen frech mitwippen? Mit richtiger Pflege bekommen sie auch noch tollen Glanz.
Keine Sorge, dieses Buch will dich nicht dazu verführen, eine Barbiepuppe zu werden. Es geht in erster Linie darum, dass du deine persönlichen Pluspunkte entdeckst und unterstreichen lernst.
Natürlich ist auch von Lippenstift, Nagellack und glamouröser Schminke die Rede. Schließlich willst du auch bei Partys, Dates und Flirts brillieren.
Kleiner Busen, großer Po? Na und! Wie du mit schönen Kurven das Rennen machst und mit kleinen Mogeleien Schwachstellen kaschierst, erfährst du außerdem.
Zum Schönsein gehört auch eine positive Ausstrahlung. Sie ist vor allem eine Sache des Selbstbewusstseins. Das kannst du lernen. Wie? Das zeigt dir dieses Buch!
Eine fröhliche Art macht dich zudem attraktiv. Zupft dennoch mal ein kleiner Miesepeter an deinem Rockzipfel, wirst du dir von ihm nicht mehr den Tag verderben lassen. Mit kleinen Kniffen und Wohlfühltipps sorgst du im Nu wieder für gute Laune und neue Power.

Jetzt wünsche ich dir viel Spaß beim Lesen und Ausprobieren der vielen Tricks, die sogar Visagisten und Models anwenden. Denn es ist toll, ein Mädchen zu sein!

Mit den besten Tipps für

- trendy Schminken
- Strahleblick
- Superteint
- Glanzmähne
- Traumbody
- Starlächeln
- einen starken Auftritt

... und vieles, vieles mehr!

Karin Probst

Kapitel 1

Das 1 x 1 der Gesichtspflege

Das 1 x 1 der Gesichtspflege

Da wird dein Teint strahlen!

Waschen, klären, pflegen – damit fängt alles an.

Regelmässig reinigen

Das A und O für schöne Haut ist die tägliche Gesichtswäsche morgens und abends. Denn nur so bleiben deine Poren frei und du kannst Pickeln und Mitessern erfolgreich vorbeugen. Zuerst feuchtest du die Haut an, dann schäumst du dein Reinigungsprodukt in den Handflächen auf und verteilst es mit kreisenden Bewegungen auf dem Gesicht. Danach mit viel lauwarmem Wasser abspülen und zuletzt noch das Gesicht mit kaltem Wasser erfrischen. Das ist besonders am Morgen ein toller Fitmacher. Nicht vergessen: Vor jedem Waschen musst du erst das Make-up entfernen!

Wash & Know

Seife, Schaum oder Gel – jeder hat bei der Reinigung so seine Vorliebe.
Seife: Hier solltest du darauf achten, dass es sich um eine Seife fürs Gesicht handelt. Gut ist eine milde Babyseife oder eine reizfreie Seife für unreine Haut.
Seifenfreies Wasch-Syndet: Das gibt es in fester und flüssiger Form. Der ph-Wert gleicht dem deiner Haut, darum reinigt es besonders schonend.

Waschgel: Es entfernt zuverlässig Talg und Schmutz und ist ideal bei fettiger, unreiner und Mischhaut. Gibt's auch mit feinen Peelingpartikeln.
Reinigungsschaum: Er enthält sehr milde Wirkstoffe, daher reinigt er besonders sanft. Es gibt ihn für trockene, normale und unreine Haut.
Reinigungsmilch: Sie ist eine prima Sache, wenn du empfindliche Haut hast. Du verteilst sie im ganzen Gesicht und nimmst sie mit einem feuchten Wattepad oder Kosmetiktuch ab.
Reinigungstücher: Sie machen blitzschnell und ohne Wasser sauber. Sie sind ideal für unterwegs. Du kannst dich damit auch abschminken. Es gibt sie auch mit antibakteriellen Wirkstoffen, dann bekämpfen sie Pickel und mattieren gleichzeitig.
Two-in-One: Das ist Reiniger und Gesichtswasser in einem. Die eine Phase entfernt die Schmutzpartikel, die andere erfrischt gleichzeitig deine Haut.

Clever klären

Eine Nachreinigung mit *Gesichtswasser* empfiehlt sich bei jeder Haut. Mit einem getränkten Wattepad holst du letzte Schmutzreste und Bakterien von der Haut und verfeinerst dabei noch deine Poren. Jetzt ist die Haut frisch, superklar und auch bereit für die nachfolgende Pflege, die sie nun optimal aufnehmen kann. Bei fettiger und unreiner Haut sollte das Gesichtswasser alkoholhaltig sein.

Gekonnt pflegen

Alle Hauttypen wollen nach der Reinigung mit einer *Feuchtigkeitspflege* verwöhnt werden – auch der fettige! Nur das hält die Haut gesund, weich und geschmeidig. Gecremt wird also morgens und abends nach der Reinigung. Statt die Pflege einzumassieren, kannst du sie auch mit den Fingern einklopfen. Damit regst du nebenbei noch die Durchblutung deiner Haut an.

Normale Haut freut sich über eine feuchtigkeitshaltige Tagescreme.

Bei *trockener Haut* kann deine Feuchtigkeitspflege ruhig etwas fetthaltiger sein. Wenn du Gesichtsöl, z. B. Karottenöl, zu deiner Pflege mischst, erhältst du eine prima Nachtcreme.

Sei pfleglich mit der Pflege

- Immer mit sauberen Fingern in die Cremetöpfe fassen.
- Dosierspender vor dem Nachfüllen immer mit sehr heißem Wasser ausspülen. Auch das Ventil gut durchspülen.
- Pflegeprodukte nicht in die Sonne oder auf die Heizung stellen. Je höher der Wasseranteil, umso schneller werden sie unbrauchbar.
- Reinigungslotionen sollten schnell verbraucht werden.

Beauty-Frage

Nur mit *Wasser reinigen,* geht das?

Nein. Wasser allein kann das Gesicht nicht ausreichend von Schmutz, Schweiß und Talg befreien. Auf Dauer verstopfen die Poren und es kommt zu Pickeln. Darum sollte man immer ein Reinigungsprodukt verwenden – auch wenn man kein Make-up benutzt.

Schon gewusst?

Deine Haut erneuert sich alle 28 Tage komplett. Es lagern sich also permanent abgestorbene Hautschüppchen ab. Das macht Reinigen eben auch so wichtig.

Shopping-Tipp

Für ein gepflegtes Gesicht brauchst du: ein Reinigungsprodukt · ein Gesichtswasser · Wattepads · eine Feuchtigkeitspflege.

TESTE DICH:
KENNST DU DEINEN HAUTTYP?

Ist deine Haut trocken, eher fettig, empfindlich oder ganz normal? Hier kannst du herausfinden, welcher Hauttyp du bist und wie du dich pflegen musst.

1. Wie fühlt sich deine Haut kurz nach der Reinigung an?

A Sie spannt und juckt.
B Sie spannt etwas.
C Sauber und erfrischt.
D Sie glänzt nach kurzer Zeit wieder.

2. Schau dir dein ungeschminktes Gesicht im Spiegel an. Wie sieht deine Haut aus?

A Sie ist stellenweise gerötet und man sieht feine Äderchen durch.
B Sie ist zart und etwas schuppig.
C Sie ist rosig und an den Wangen klar.
D Sie ist fahl, blass und glänzend.

3. Wie sieht deine Haut am Ende eines Tages aus?

A Sie hat rote Flecken.
B Sie hat schuppige Stellen.
C Nur Stirn und Nase glänzen etwas, wenn überhaupt.
D Sie glänzt und es droht schon wieder ein neuer Pickel.

4. Streich dir über die Wangen. Was fühlst du?

A Die Haut ist empfindlich und leicht rau.
B Der Teint ist trocken und etwas schuppig.
C Die Haut ist glatt und samtig.
D Du fühlst einen öligen Film auf der Haut.

5. Was, glaubst du, ist das Problem bei deiner Haut?

A Sie verträgt wenige Produkte und zeigt allergische Reaktionen.
B Sie schuppt und spannt oft.
C Die T-Zone hat gelegentlich einen Mitesser, aber sonst ist alles okay.
D Nicht selten bilden sich über Nacht Pickel.

Du hast hauptsächlich **A** angekreuzt: 

Du besitzt *empfindliche Haut.* Sie ist oft fleckig und neigt zu Schüppchen. Auf Temperaturschwankungen sowie falsche Pflege reagiert sie mit Rötungen. Wichtig für **Sensibelchen**: Du musst mit deiner Haut sehr sorgsam umgehen und darfst auf keinen Fall mit Kosmetika herumexperimentieren. Am besten wählst du *hyperallergene Pflegeprodukte*, die weder Duft- und Farbstoffe noch Alkohol enthalten. Neue Produkte solltest du generell erst testen, bevor du sie im Gesicht aufträgst. Besorg dir ein Pröbchen und creme damit drei Tage lang die Innenseite deines Handgelenkes ein. Zeigen sich keine Rötungen, kannst du das Produkt im Gesicht anwenden.

EXTRATIPP

Eine *Ringelblumenmaske* gilt als Geheimtipp für empfindliche Haut. Sie wirkt beruhigend auf deine Haut und macht sie schön zart: 2 EL Ringelblumenöl (Apotheke) mit 1 Eigelb verrühren, 20 Minuten einwirken lassen und mit lauwarmem Wasser abwaschen.

Du hast hauptsächlich **B** angekreuzt: 

Dann besitzt du *trockene Haut.* Sie ist feinporig, dünn, neigt zu Rötungen und spannt oft nach der Reinigung. Dein Teint ist eher matt.

Das schmeichelt deiner Haut: Weil deine Haut selbst nicht genug hauteigenes Fett produziert, musst du es ihr von außen zuführen und eine fetthaltige Pflege mehrmals am Tag auftragen. Bei der Reinigung solltest du auf Seife verzichten und besser eine sanfte Reinigungscreme oder Reinigungsmilch benutzen. Einmal pro Woche solltest du deiner »durstigen« Haut eine Feuchtigkeitsmaske gönnen.

EXTRATIPP

Lust auf einen Bio-Kick? Mit *süßer Sahne* oder *Buttermilch* kannst du deine Haut auf schonende Weise reinigen und ihr zugleich wertvolle Feuchtigkeit schenken: Wattepad damit tränken und über die Haut wischen.

Du hast hauptsächlich **C** angekreuzt:

Dann besitzt du *normale Haut* oder *Mischhaut*. Auch wenn dir deine Haut keine großen Probleme bereitet, darfst du sie nicht vernachlässigen.
Das tut deiner Haut gut: Wähle für die Gesichtswäsche einen milden Reiniger. Bei Mischhaut mit etwas fettiger T-Zone kannst du zur Unterstützung mit einem *Gesichtsbürstchen* Stirn, Nase und das Kinn mit kreisenden Bewegungen massieren. Als Gesichtspflege reicht eine feuchtigkeitshaltige Allzweckcreme.

EXTRATIPP
Nichts ist erfrischender als der kühlende Nebel eines *Gesichtssprays*. Dafür Mineralwasser in einen Zerstäuber füllen. Augen zu und aufsprühen.

Du hast hauptsächlich **D** angekreuzt:

Deine Haut ist *fettig*. Sie ist schlecht durchblutet und grobporig. Was trockene Haut zu wenig an Talg hat, produziert deine Haut im Übermaß.

Das Fett muss weg!
Gründliche *Reinigung* und regelmäßiges *Peeling* ist in deinem Fall besonders wichtig. Der überschüssige Talg verstopft sonst die Poren, was zu Mitessern führt. Gegen deine großporige Haut helfen porenverengende Gesichtswasser, Clear-up-Strips und Masken mit Tonerde. Sie reinigen porentief und lassen dein Hautbild feiner erscheinen.

EXTRATIPP

Perfekt für fettige Haut sind so genannte *Schütteltonics*, die deine Haut reinigen, beruhigen und den Teint gleichzeitig hübsch mattieren.

Pickelstopp

Jetzt geht es Mitessern an den Kragen

Tanzen dir deine Pickel auf der Nase herum? Da bist du nicht allein! Kaum ein Mädchen übersteht den Weg zum Erwachsenwerden ohne Unreinheiten. Das liegt an den Hormonen, die sich jetzt in deinem Körper bilden – das muss sich erst einpendeln. Aber das ist kein Grund, den Kopf hängen zu lassen. Gegen Pickel lässt sich nämlich eine Menge tun.

Alles klar

Weil Pickel meist durch Bakterien entstehen, solltest du ein antibakterielles *Reinigungsprodukt* und *Gesichtswasser* benutzen. Zum Abtrocknen nimmst du am besten Küchenkrepp statt eines benutzten Handtuchs, weil das meist vor Bakterien nur so wimmelt.

Voll im Griff

Mit der richtigen »Pflege danach« bekommst du Mitesser und Pickel gut unter Kontrolle. Die Pflege sollte antibakteriell sein sowie entzündungshemmende und beruhigende Wirkstoffe enthalten. Ideal ist, wenn sie aus der gleichen Pflegeserie stammt wie deine sonstigen Anti-Pickel-Produkte, weil dann die Wirkstoffe perfekt aufeinander abgestimmt sind. Ein- bis zweimal die Woche solltest du mit einer Reinigungsmaske deine Haut klären. Optimal sind Masken mit Heilerde, Salbei und Zink.

Auf den Punkt gebracht

Pickel im Anmarsch? Jetzt heißt es schnell handeln und die verdächtige Stelle sofort mit einem antibakteriellen *Pickelstift*, *-gel* oder einer *-lotion* desinfizieren. Darin steckt eine geballte Ladung Anti-Pickel-Wirkstoff, was den Pickel schneller austrocknen und abheilen lässt.

Ätherisches Teebaumöl ist übrigens auch ein prima Pickelstopper. Durch seine antiseptische und entzündungshemmende Wirkung dämmt es den Übeltäter ein und lässt ihn schnell wieder abziehen. Du gibst das Öl auf ein sauberes

Wattestäbchen und betupfst damit zweimal täglich die entzündete Stelle. Super sind auch *Anti-Pickel-Pflaster* (Clear-up-Strips), mit denen du deine Haut sogar über Nacht ins Reine bringen kannst.

Mach Dampf

Ein wöchentliches Dampfbad wirkt Wunder: Die heiße Luft öffnet die Poren, Giftstoffe und Unreinheiten werden einfach ausgeschwitzt. Dafür einen großen Topf mit Wasser erhitzen und eine Handvoll getrockneten Salbei hineingeben. Dieses Kraut wirkt desinfizierend und entzündungshemmend. Halte den Kopf zehn Minuten über das dampfende Salbeiwasser und lege dir dabei ein Handtuch über den Kopf, damit die Dämpfe nicht entweichen können. Nach dem Dampfbad lässt sich auch schon mal ein reifer Pickel ausdrücken. Aber nur, wenn sich ein weißes Köpfchen zeigt. Kosmetiktücher um die Zeigefinger wickeln und den Pickel ganz sanft von unten aushebeln. Finger weg von roten, erhöhten Stellen! Sie verschlimmern sich durchs Quetschen noch, denn der Talg wird ins umliegende Gewebe gedrückt und neue Pickel drohen.

Extratipp

Schwarze Porenpunkte auf der Nase? Ein *Nasenpflaster* zieht sie einfach heraus. Einmal pro Woche auf die gereinigte Haut aufkleben, etwas einwirken lassen und vorsichtig abziehen.

Keinen Pickelstift zur Hand? Kleiner Retter in der Not ist Zahnpasta mit Zink oder Zinkfluorid. Dünn aufgetupft trocknet sie den Pickel aus. Aber nur im Notfall verwenden! Was nämlich der Zahnpasta fehlt, sind Wirkstoffe, die das Bakterienwachstum hemmen.

Akne

Mit Streuselkuchenhaut muss sich heute niemand mehr abfinden, denn es gibt inzwischen hochwirksame medizinische Behandlungen. Also, wenn du gegen deine Pickel gar nichts ausrichten kannst, suche einen Hautarzt auf. Aknepustel nie selbst ausdrücken! Geh zum Ausreinigen zur Kosmetikerin. Die meisten Hautärzte empfehlen ihren Aknepatienten sogar eine begleitende Kosmetikbehandlung, bei der die Haut professionell gereinigt und leicht geschält wird. Dann können auch keine Aknenarben zurückbleiben. Übrigens, ein häufiger Auslöser für Akne ist Stress. Leistungsdruck kurbelt nämlich die Produktion männlicher Hormone an, dann ist ein neuer Akneschub vorprogrammiert. Tipp: Yoga oder Johanniskraut beugt Stress und somit neuerlichen Hautproblemen vor!

Schon gewusst?

Schokolade macht keine Pickel! Experten bestätigen: Zwischen Schokoladeessen und Pickeln gibt es keinen Zusammenhang. Trotzdem gilt bei Pickeln: Lieber zu Obst und Gemüse statt Süßem greifen, das entschlackt die Haut und hält sie rein.

Augen im Blickfeld

Extrapflege

Die Haut rund um die Augen ist sehr dünn, empfindlich und deshalb besonders anfällig für Fältchen, z. B. durch zu wenig Schlaf oder Kummer – auch schon in jungen Jahren. Eine kleine Portion Extrapflege kann also nicht schaden. Damit die Augenpartie beim Pflegen nicht unnötig gezerrt wird, tupfst du die Creme in kleinen Punkten rund ums Auge auf und klopfst sie sanft mit dem Mittelfinger in die Haut ein. Spezielle Augencremes reizen das Auge nicht und ziehen besonders schnell ein.

Immer abschminken

Nimm zum Reinigen deiner Augen einen *Augen-Make-up-Entferner*, mit dem du ein Wattepad tränkst. Den Pad leicht auf die Augenpartie drücken, ein paar Sekunden wirken lassen und dann sanft von innen nach außen wischen. Praktisch sind *Remover-Pads*, die bereits mit Entfernerflüssigkeit getränkt sind.

Kleine Verwöhntour

- *Gerötete* Augen durch zu viel Lernen oder Feiern? Ein Fall für Gurke und Kartoffel! Einfach zwei Gurken- oder Kartoffelscheiben für zehn Minuten auf die Augen legen. Das beruhigt die Augen und macht sie wieder frisch.
- *Verheulte* Augen? Das kann ja mal passieren. Schwarzteebeutel aufbrühen und im Gefrierfach abkühlen lassen. Die eiskalten Beutel auf die geschlossenen Lider legen und ein paar Minuten einwirken lassen.
- Bei *geschwollenen* Augen helfen kühlende Gelbrillen aus dem Eisfach oder zwei gekühlte Löffel aus dem Kühlschrank, die du sanft aufs Auge drückst.
- Noch ein *Entspannungs-Quickie* gefällig? Die Handflächen reiben, bis sie warm sind, und für zwei Minuten leicht gewölbt über die geschlossenen Lider legen.

Beauty-Frage

Wie entfernt man *wasserfeste Tusche*?
Waterproof-Mascara lässt sich nicht mit gewöhnlichem Augen-Make-up-Entferner abschminken. Der Entferner muss für wasserfestes Make-up geeignet sein.

Shopping-Tipp

Für einen klaren Blick brauchst du: Wattepads zum Reinigen · Augen-Make-up-Entferner · Gelmaske zur Abkühlung · Augencreme.

Ab zur Maske

Für einen strahlenden Teint setzt du dir am besten einmal pro Woche eine Maske auf.

Reiner Start

Damit die Wirkstoffe der Maske richtig gut einziehen können, musst du die Haut vorher gut reinigen. Danach trägst du die Beauty-Packung wie folgt auf: Du fängst bei der Stirn an, streichst über die Schläfen zur Wangenpartie hin und gibst die Maske aufs Kinn und unter die Nase. Die empfindliche Augen- und Mundpartie bleibt generell frei. Lass die Maske die vorgeschriebene Zeit einwirken und spüle sie danach mit lauwarmem Wasser ab oder entferne sie mit angefeuchteten Wattepads.

Extratipp

Nicht immer braucht das ganze Gesicht eine Maske. Eine klärende Maske für die T-Zone kommt nur auf Stirn, Nase und Kinn.

Maskerade

- Mit einer *Feuchtigkeitsmaske* sorgst du für einen Frischekick und gibst der Haut die Nährstoffe und belebenden Kräuterextrakte, die sie weich und frisch machen.
- *Crememasken* sind toll bei trockener und empfindlicher Haut. Sie enthalten spezielle Pflegestoffe und Pflanzenöle, die deine Haut geschmeidig machen und sie besänftigen.
- *Reinigungsmasken* geben deinem Teint wieder einen klaren Anstrich.
  Die Saubermacher holen abgestorbene Hautzellen, Talgüberschuss und Verschmutzung von der Haut – ohne sie auszutrocknen.
- *Rubbelmasken* rubbeln mit mikrofein gemahlenen Körnchen abgestorbene Hautschüppchen wie kleine Schleifpartikel ab.
- *Fruchtsäure-Peelings* lösen durch ihren hohen Enzymgehalt abgestorbene Hautschüppchen auch ohne Rubbeln ab, was bei empfindlicher Haut und entzündeten Pickeln empfehlenswert ist.

BEAUTY-FRAGE

Wie trägt man eine *Peeling-Maske* auf?
Peeling-Masken massierst du mit kreisenden Bewegungen in die gereinigte Gesichtshaut ein. Fang bei der T-Zone (Stirn, Nase, Kinn) an, dann sind die Wangen dran. Die Augen- und Mundpartie sparst du auch hier aus. Wichtig: Finger weg von Rubbelkuren, wenn du entzündete Mitesser hast, sonst reibst du die Pickel auf und es gibt unschöne Narben.

JETZT WIRD GEMIXT!

Hier sind die besten Masken zum Selbermachen:

MIT BANANE

In der Schönheitsmaske stecken viel Vitamin E und Eiweiße, die deine Haut weich und geschmeidig machen. Dazu zerdrückst du eine reife Banane mit der Gabel und rührst 1 EL Speisequark und 1 TL Jojobaöl dazu. Dann pinselst du den Beauty-Mix auf und nimmst ihn nach zehn Minuten mit einem Papiertuch ab. Reste spülst du lauwarm ab.

MIT ORANGE

Diese Maske küsst dich wach! Mit Vitamin C und ätherischem Öl belebt sie deine Haut und deine Sinne. Einfach eine ungespritzte Orange in dünne Scheiben schneiden und diese für 20 Minuten aufs Gesicht legen.

MIT HONIG

Die Maske aus 2 TL Honig, 1 EL Sahne, 1 Eigelb und 2 EL Mandelkleie ist nicht nur ein echter Hautschmeichler, sondern reinigt die Haut gleichzeitig auf sanfte Weise. Alle Zutaten zu einer cremigen Masse mischen. Mit dem Pinsel auftragen, 20 Minuten wirken lassen und dann mit viel warmem Wasser abspülen.

MIT QUARK

Gereizte Haut? Die Maske mit kühlendem Quark, Leinsamen und Karotten hilft sofort. Du gibst zu 3 EL Sahnequark 2 geraspelte Karotten und 1 EL Leinsamenschrot (Supermarkt) und verrührst alles. Dann verteilst du die Packung aufs Gesicht und wäschst sie nach 20 Minuten mit reichlich warmem Wasser ab.

Mit Trauben

Diese Maske ist ideal für fettige Haut. Sie saugt überschüssiges Fett auf und wirkt porenverfeinernd. Dafür 1/2 Tasse Weintrauben waschen und durch ein Sieb drücken. Dann den Saft mit 1 EL Joghurt und 1/2 TL Honig mischen. Diese Paste großzügig im Gesicht verteilen. Nach 30 Minuten mit warmem Wasser abwaschen.

Mit Tonerde

Kummer mit Unreinheiten? Mische zwei EL Tonerde (Apotheke) mit schwarzem Tee zu einem Brei und trage ihn dünn auf das Gesicht auf. Ist die Maske angetrocknet, wäschst du sie mit viel warmem Wasser wieder ab.

Mit Hefe

Verstopfte Poren? Die Rubbelmaske putzt deine Haut gründlich und porentief. Dafür 1/2 Hefewürfel mit 4 EL fettarmer Milch vermengen, auftragen, fest werden lassen und vorsichtig abrubbeln. Reste abwaschen!

Mit Avocado

Diese Maske versorgt deine Haut mit wichtigen Fetten und viel Feuchtigkeit. Das macht raue Haut im Nu schön glatt. Dafür 1/2 reife, geschälte Avocado pürieren und mit 3 EL Quark und 1 TL Honig verrühren – und nichts wie rauf aufs Gesicht. Den Beauty-Mix nach 20 Minuten lauwarm abspülen.

Mit Sonnenblumenkernen

Die reichhaltige Packung aus 4 EL gemahlenen Sonnenblumenkernen, 2 TL Honig und 1 TL Salatöl macht trockene Haut weich und geschmeidig. Du lässt den Honig im heißen Wasserbad auflösen und mixt die gemahlenen Kerne und das Öl unter. Nach 20 Minuten abspülen.

Lass die Masken einziehen, während du in der Badewanne liegst. Durch die Wärme wirken sie noch viel intensiver!

Beauty-Frage

Soll ich mein Gesicht nach einer Maske eincremen?
Ja. Auch wenn die Haut durch eine Maske perfekt mit Feuchtigkeit aufgetankt wurde, braucht sie Schutz vor Umwelteinflüssen – und den kann nur eine Gesichtscreme liefern.

Shopping-Tipp

Für die *Maskerade* brauchst du: Reinigung und Gesichtswasser für saubere Haut · die richtige Maske für deinen Hauttyp · Backpinsel zum Auftragen · Wattepads, um Rückstände sanft zu beseitigen.

Beauty-Snacks

Iss dich schön!

Du willst dich schönfuttern? Nichts leichter als das! Diese Drinks und Snacks zaubern dir *Strahlehaut* und geben nebenbei noch enorm *viel Power.*

- Obst, am besten dreimal täglich
  Zum Frühstück ein Glas frisch gepressten Fruchtsaft, als Pausensnack eine Banane und nachmittags einen Apfel, schon hast du dich optimal mit den Schönheitsvitaminen A, B und C versorgt.

- Milch mindestens einmal täglich
  Milch enthält reichlich Vitamin B_2 und ist sehr kalziumreich. Das unterstützt den Heilungsprozess der Haut und hält sie rein und klar. Einfach abwechseln und mal Joghurt, mal Quark oder ein Glas Milch zu dir nehmen.

- Getreide und Nüsse bis zu dreimal täglich
  Vollkorn und Nüsse enthalten viel Ballaststoffe, Magnesium, Eisen und B-Vitamine. Tipp: Müsli zum Frühstück, zwischendurch mal eine Handvoll Nüsse und abends Vollkornbrot essen.

- **Einmal täglich Gemüse**
  Eine große Portion (etwa zwei Handvoll) Gemüse oder ein Salat als Beilage zum Mittag- oder Abendessen liefern dir  viele Beauty-Vitamine, was für reine Haut sorgt und gleichzeitig deine Abwehrkräfte stärkt.

- **Morgens Cornflakes**
  Kupfer ist einer der Mineralstoffe in Cornflakes. Es ist wichtig für den Abwehrmechanismus der Haut und verleiht ihr Geschmeidigkeit.

- **Mittags Melone**
  Die erfrischende Sommerfrucht steckt voller Betacarotin – je dunkler das Fruchtfleisch, desto stärker die Wirkung. Täglich ein großes Stück Wassermelone und deine Haut strahlt.

- **Abends Paprika und Tomate**
  In Paprikas steckt viel Vitamin E. Es schützt besonders gut vor UV-Strahlen. Außerdem beugt es Entzündungen vor. Tomaten sind reich an Säure, die deiner Haut überschüssiges Fett entziehen, so haben Pickel keine Chance.

Extratipp

Einmal pro Monat Ballast abwerfen! Das geht, wenn du einen Tag im Monat nur Reis isst. Dazu viel Wasser, Frucht- oder Gemüsesaft trinken. Der *Fastentag* entgiftet, klärt deinen Teint und macht fit.

Trinken nie vergessen! Für eine straffe Haut und eine gute Verdauung braucht dein Körper 2 Liter Flüssigkeit täglich. Am besten sind Mineralwasser, Früchte- und Kräutertees oder Saftschorlen.

Schon gewusst?

Die Haut ist geradezu gierig auf *Vitamine*. Sie regen die Zellteilung an, bekämpfen freie Radikale und blocken UV-Strahlen ab. Bekommt die Haut genug Vitamine über das Blut geliefert, bleibt sie gesund und fein.

BEAUTY-SHOPPING

Immer diese Fachbegriffe auf Cremetuben & Co!
Das kleine *Pflege-Lexikon von A–Z* erklärt dir die wichtigsten Kosmetikbegriffe:

Adstringierend: Beschreibt ein Gesichtswasser, das die Poren zusammenzieht und den Teint verfeinert.

Antiseptisch: Die Pflege enthält Wirkstoffe, die Keime abtöten.

Antibakteriell: Die Pflege enthält Wirkstoffe, die gegen Bakterien wirken.

Bisabolol: Das sind Inhaltsstoffe der Kamille, die in Cremes und Gesichtswassern stecken und entzündungshemmend wirken.

Douceur: Bezeichnet eine sanfte Gesichtspflege für sensible Haut.

Fruchtsäuren: Sie lösen ein leichtes Peeling aus. Dabei werden die verhornten Hautzellen abgestoßen, die Zellen erneuern sich.

Ginkgo biloba: Extrakt aus den Blättern des chinesischen Ginkgo-Baumes. Es erfrischt fahle und strafft schlaffe Haut.

Hyperallergen: Damit soll signalisiert werden, dass die Produkte keine allergieauslösenden Wirkstoffe enthalten.

Hydratisierend: Die Pflege ist feuchtigkeitsspendend.

Instant Action: Das sind Produkte mit Soforteffekt, wie Expressmasken oder Selbstbräuner, die schon beim Auftragen Bräune verleihen.

Jojoba-Extrakt: Das ist ein natürliches Wachs, das aus den Früchten des Jojobastrauches gewonnen wird und die Geschmeidigkeit der Haut verbessert.

Lingettes Démaquillantes: Mit einer Reinigungslotion getränkte Vliestücher.

Mist: Die Bezeichnung von Gesichtssprays will die feine Sprühnebelkonsistenz des Produktes unterstreichen.

Nettoyage: Bezeichnet ein Reinigungsprodukt.

Non-gras: Bezeichnet eine fettfreie Gesichtspflege.

Non-komedogen: Steht für Produkte ohne Mitesser auslösende Inhaltsstoffe, wie z. B. Lanolin oder Sesamöl.

Peau mixte et grasse: Das sind Produkte für fettige und Mischhaut.

Scrub: Ein anderes Wort für Peeling.

Soothing: Steht für hautberuhigende Pflegemittel, die nach dem Sonnen oder der Rasur aufgetragen werden. Auch entspannende Düfte werden manchmal so genannt.
Sebum: Bedeutet Talg.
Thermo-Maske: Diese Maske erwärmt sich nach dem Auftragen auf der Haut. Durch die erhöhte Temperatur öffnen sich die Poren. Die Pflegestoffe können besser eindringen und effektiver wirken.
Toner: Bedeutet Gesichtswasser.
T-Zone: Umfasst Stirn, Nase und Kinn.
UVA und **UVB**: Während UVA-Strahlen die Haut bräunen, kann UVB-Licht Sonnenbrand und schlimmstenfalls sogar Krebs verursachen. Wichtig: Beim Kauf eines Sonnenschutzproduktes darauf achten, dass es vor beidem schützt.
Vitamin C: Es lässt die Haut straffer, gesünder und rosiger aussehen.

Finger weg von diesen Beauty-Sünden

- Herumpulen an »unreifen« Pickeln. Du riskierst Narben, denn Entzündungen können unmöglich heilen, wenn sie ständig gereizt und mit neuen Bakterien gefüttert werden.
- Fettcremes bei öliger Haut benutzen. Sie verschlechtern die Lage an der Pickelfront.
- Bodylotion fürs Gesicht nehmen. Im Gesicht ist die Haut dünner und empfindlicher als am übrigen Körper. Darum benötigt sie auch eine andere Pflege.
- Zigaretten rauchen. Der blaue Dunst sorgt für Verhornungsstörungen, somit für Pickel und grauen Teint.
- Abgelaufene Kosmetika weiterbenutzen. Sie können Allergien auslösen.

Dein Beauty-Kalender

Fit für den Frühling

Die ersten warmen Sonnenstrahlen. Der Frühling ist zum Greifen nah. Höchste Zeit für ein paar kleine Verwöhn-Extras ...

Reib dir den Winter aus dem Gesicht!

Mit einem sanften Peeling löst du abgestorbene Hautschüppchen ab und schon kommt frische, strahlende Haut zum Vorschein.
Und: Nach den Tagen von beautyfeindlicher Heizungsluft hat dein Gesicht eine geballte Ladung Feuchtigkeit verdient. Am effektivsten wirken Feuchtigkeitsmasken.

Rubble deinen Body

Bestimmt fühlt sich auch deine Körperhaut trocken an und schuppt an manchen Stellen. Am besten trägst du eine Rubbelkur (3 EL Salz mit 1 Becher Sahne vermischen) auf und massierst damit die Haut.

Winterblässe wegzaubern

Einfache und schnelle Methode, sich ein bisschen Farbe ins Gesicht zu zaubern, ist Selbstbräuner. Wichtig: Erst das Gesicht peelen, damit keine unschönen Flecken entstehen. Dann die Bräune aus der Tube gleichmäßig verteilen.
Die Haut muss trocken sein. Augenbrauen, Haaransätze und Oberlippenhärchen mit etwas Fettcreme schützen. Nachher Hände waschen, sonst werden die Handinnenflächen gelb.

Beauty-Frage

Kann Selbstbräuner schaden?
Nein. Diese Bräune ist sogar unschädlicher als echte Sonnenbräune, weil sie die Haut nur einfärbt – und zwar mit einem speziellen Zuckermolekül, das sich mit den Eiweißbestandteilen zu einer dunklen Substanz verbindet. Weil dieser Prozess aber nur in den obersten Hautschichten abläuft, ist die Tubenbräune auch schon nach drei bis fünf Tagen wieder verschwunden. Spätestens dann muss nachgelegt werden.

Hot, Hot, Hot

Endlich gibt's Sonne satt. Hier steht alles, was du im Sommer beachten solltest ...

Sommergesicht

Im Gesicht ist die Haut empfindlicher als am übrigen Körper. Dein Sonnenschutz fürs Gesicht muss also stärker sein. Eine Sonnenbrille ist nicht nur cool, sondern auch wichtig, denn die Augen können sich nicht selbst vor der Sonne schützen. Achte beim Kauf der Sonnenbrille auf das CE-Siegel, das 100%igen Schutz vor UVB-Strahlen garantiert. Die zarte Haut deiner Lippen hat kaum Eigenschutz und verbrennt leicht. Lippenbalsam mit Lichtschutzfaktor schützt nicht nur, sondern macht dir auch einen sexy Kussmund. Augenlider und Nase sind sogenannte »Sonnenterrassen«, die du dir besonders schnell verbrennen kannst. Deshalb doppelt gut schützen!

Schattenwesen

Zwischen 11 und 15 Uhr ist es nicht nur am wärmsten, auch die Sonnenstrahlung ist am stärksten. Also schnapp dir ein Buch und ab in den Schatten. Braun wirst du auch, nur nicht so schnell, dafür aber länger anhaltend. Wenn du nicht an *Sonnencreme* denkst, bekommst du durch Schweiß, Wasser und den sonnenreflektierenden Sand schnell eine feuerrote Haut. T-Shirts schützen zwar, aber auch ein dunkler Stoff hat nur Lichtschutzfaktor 10.

Extratipp

So funktioniert ein Schnelltest für die Eigenschutzzeit: mit dem flachen Fingernagel über die Haut streichen. Bleibt ein weißer Streifen, nichts wie raus aus der Sonne!

Sonnige Tipps

- Gluck, gluck, gluck: Jetzt solltest du viel trinken, täglich 2 bis 3 Liter Wasser. Im Sommer schwitzt du nämlich viele wertvolle Mineralstoffe aus, durch Trinken holst du sie dir wieder. Auch saftiges Obst wie Melonen bewahrt der Haut Feuchtigkeit.
- Sun-Food: Mit Betacarotinen, Vitamin E und Vitamin C kannst du deine Haut schon vor den Sommerferien auf die Sonne vorbreiten. Viel Paprika, Karotten und Mandeln essen oder Carotin-Dragees einnehmen.

- Sonnencremes: Reste aus den Vorjahren besser wegwerfen. Die viele Hitze im Freien kann die Schutzwirkung geschmälert haben.
- Quarkaufstrich: Die in Milchprodukten wie Quark, Joghurt oder Buttermilch enthaltene Milchsäure beruhigt die Haut bei Sonnenbrand, wirkt entzündungshemmend und lässt die Hautrötung schneller abklingen.
- Herpesschutz: Sonne, Stress und Klimawechsel können Herpesbläschen aus der Reserve locken. Wer anfällig ist, sollte seine Lippen mit einem UV-Pflegestift (mindestens Lichtschutzfaktor 10) schützen.
- Hitzepickelchen: Einfach mit Naturjoghurt bestreichen und zehn Minuten einwirken lassen. Zur Vorbeugung: Einmal täglich eine Calcium-Brausetablette nehmen. Trotzdem gilt: Immer Sonnenpausen machen.
- Fitness bringt's: Bewegung in der Sonne bringt nicht nur Spaß, sondern bräunt dich auch schneller.

Cool bleiben: Frische-Kicks für heiße Tage

Bei tropischen Temperaturen würdest du am liebsten im *Eisschrank* sitzen? Geht leider nicht. Aber deine Bodylotion ist da gut aufgehoben. Nach dem Duschen rausnehmen und eisgekühlt eincremen. Das ist supererfrischend!
Lust auf eine kalte Köstlichkeit? Dann mach dir deine eigenen Sommerbonbons: Gieß deinen Lieblingssaft, am besten frisch gepresst, in eine Eiswürfelform und dann ab damit ins Tiefkühlfach. Die Bonbons sind lecker und gesund.
Willst du einen *kühlen Kopf* behalten, sind Feuchtigkeitstücher (z. B. mit Limone) ideal. Sie erfrischen und kühlen deine Haut und machen dich mit ätherischen Ölen gleich wieder munter.

Kaltes Wasser macht generell schnell frisch: Einfach zwischendurch über die Handgelenke laufen lassen. Dort liegen die Adern direkt unter der Haut. Du wirst das »gekühlte Blut« bis in die Zehenspitzen spüren.

After-Sun-Beauty

In der Sonne liegen und im Wasser planschen, was gibt's im Sommer Schöneres? Nur schade, dass dadurch deine Haut austrocknet und strapaziert wird. Damit deine Sommerbräune auch noch bis zum Herbst hält, musst du sie mit einer intensiveren Pflege verwöhnen. *Cremes mit Vitamin E* spenden Fett und Feuchtigkeit, glätten die Haut und verhindern, dass sie zu schnell abschuppt und du damit deine Bräune verlierst. Auch Körperöle sind super, um die Haut geschmeidig zu halten. Sie lassen deine Haut gleichzeitig zart schimmern.

Sunny Herbst

Juhu, vom Schwimmbad geht's direkt in die Badewannensaison.
Wetten, mit diesen Tipps wird der Herbst dir alles andere als düster vorkommen ...

Bunt abtauchen

Lass dich nicht vom trüben Regenwetter nerven. Nimm stattdessen einfach ein Bad mit farbigen Badesalzen. Wer sich in zartgelbem Vanillebad oder orangefarbenem Mandarinenbad räkelt, für den sieht die Welt gleich wieder bunt und frisch aus.

Rosarote Zeiten

Sieht dein Gesicht ein bisschen fahl aus? Raspel dir eine Maske aus frischem Apfel und rühre ihn mit etwas Milch zu einem Brei. Das macht den Teint wieder schön rosig und verfeinert nebenbei noch deine Poren. Den Frischezauber nach zehn Minuten mit warmem Wasser abspülen.

Zitruskraft

Für den Motivationskick zwischendurch: Einige Tropfen Zitrusöl (Bergamotte, Bitterorange, Grapefruit) in einer Duftlampe mit Wasser erwärmen. Die ätherischen Essenzen regen Körper und Seele an und sorgen für gute Laune.

Rot sehen

Rotes Obst und Gemüse müssen jetzt auf den Tisch. Sie enthalten viel Fitness-Vitamin C, das den Blutaufbau fördert, aktiv macht und das Sommerfeeling zurückbringt. Orangen und Karotten entschlacken zusätzlich noch, das sorgt für mehr Power. Rote Trauben haben es besonders in sich, mit Eisen, Fluor und Magnesium sind sie wahre Energiepakete.

Extratipp

Mit der *künstlichen Sonne* aus dem Solarium kannst du deine Bräune auffrischen, dabei noch deine Glückshormone ankurbeln und so für gute Laune sorgen. *Wie oft?* Maximal ein Mal die Woche, mehr lässt die Haut schnell altern. *Wie lange?* 5 bis 10 Minuten. Sonst drohen Sonnenschäden. *Pflege danach?* Klar, auch Solariumsonne trocknet die Haut aus. Also, danach immer eincremen.

Zum Date mit Mister Frost

Die ersten Schneeflöckchen fallen auf dein Gesicht. Wie schön. Aber ungeschützt vor die Tür gehen? No! Beautys sorgen vor und cremen jetzt fleißig ...

Outdoor

- Wenn die kalten Tage kommen, wird dein Teint trockener. Dein Feuchtigkeitsfluid solltest du jetzt durch eine *fetthaltigere* Creme ersetzen, zumindest für draußen.

- Wichtig für Skifahrer: Der *Fahrtwind senkt die Hauttemperatur* erheblich ab. Aus 10 Grad minus werden schnell mal 20 Grad minus. Da brauchst du unbedingt einen pflegenden Schutzfilm. Ideal sind *Kälteschutzcremes.* Sie schützen dein Gesicht vor Erfrierungen.
- Auch die Lippen sind im Winter besonders pflegebedürftig. Die extrem dünne Haut hat so gut wie keine Talgdrüsen und produziert keinen eigenen Anti-Frost-Film. Das müssen *fettreiche Lippenpflegestifte* übernehmen.
- Wichtig: *Mütze nicht vergessen!* Denn etwa 40 Prozent der Körperwärme verliert der Mensch über den Kopf.

Indoor

- Nach einem Tag in der Kälte freut sich die Haut über *Extrapflege.*
- Wenn deine Gesichtshaut spannt oder wie ausgetrocknet wirkt, einfach etwas *Gesichtsöl* aufträufeln und einmassieren.
- Wer niedrigen Blutdruck hat, friert leichter. Deshalb schon morgens *im Wechsel heiß und kalt* duschen. Das kostet ein bisschen Überwindung, lohnt sich aber. Denn der Körper lernt, sich unterschiedlichen Situationen (Kälte/Wärme) besser anzupassen.
- Mal komplett durchgefroren? *Iss dich warm!* Gekochte oder gebackene Speisen wie etwa Suppe oder Braten haben einen hohen energetischen Wert und wirken wärmend. Super ist auch ein heißer Orangentrunk: dafür vier Orangen auspressen, mit einem halben Liter Malventee mischen, erhitzen und mit Ahornsirup süßen.
- Sind deine Finger kalt wie Eiszapfen? Nicht darauf pusten. Durch die Atemluft entsteht Verdunstungskälte. Besser: die Hände am eigenen Körper, z. B. unter den Achselhöhlen, wärmen.
- Du trägst gerne Rollis? Dein Hals findet das nicht immer kuschelig. Grund genug die empfindliche Haut mit einer gelegentlichen Ölpackung zu verwöhnen: Du erwärmst 2 EL Olivenöl im Wasserbad, tränkst damit eine Lage Watte, legst sie um den Hals und wickelst noch Plastikfolie darüber. Die Maske lässt du eine Stunde einziehen.
- Wenn deine Haare durch die Mütze platt am Kopf anliegen, hilft folgender Trick: Du ziehst mit dem Stielkamm seitlich einen schlangenförmigen Scheitel, dadurch fällt das Haar am Ansatz sofort fülliger.

Extratipp

Regelmäßige Saunagänger sind nicht nur topfit, sondern haben auch eine tolle Haut. Denn *Schwitzen macht schön.* Verhornte Hautschüppchen werden abgestoßen und mit dem Schweiß fließt auch der Schmutz aus den Poren. Frostig kalte Tage können dir auch weniger anhaben, denn Saunabäder härten den Körper ab und stärken außerdem die Abwehrkräfte. Das macht dich immun gegen Krankheitserreger und beugt Erkältungen vor.
Keine Sauna in erreichbarer Nähe? Ein *Gesichtsdampfbad* wirkt ebenso Wunder, wenn Körper und Stimmung angeschlagen sind oder eine Erkältung im Anmarsch ist. Dafür 4 Tropfen ätherisches Lavendel- und/oder Neroli-Öl in eine Schüssel mit etwa 2 l heißem Wasser geben. Kopf drüberhalten, mit einem Handtuch abdecken und 5 bis 10 Minuten tief inhalieren. So fühlst du dich wieder wohlig warm, und Körper und Seele bekommen neuen Auftrieb.

Kapitel 2

1, 2, 3 – Schönheit ist k(l)eine Zauberei

1, 2, 3 – Schönheit ist k(l)eine Zauberei

Los geht's

Von Traum-Teint über Strahleblick zum Kussmund, hier erfährst du alles übers Schminken.

Grundierung, die dir Porzellanteint verleiht

Das richtige Make-up

Mit Make-up und ein paar kleinen Tricks kannst du dir im Nu den schönsten Teint zaubern. Aber denk dran: Zu viel Grundierung (auch Foundation genannt) wirkt unnatürlich. Welches Make-up optimal für dich ist, hängt von deinem Hauttyp und deinen Schminkgewohnheiten ab.

Wenn du **wenig Farbe** willst oder von Natur aus eine ebenmäßige Haut hast, reicht eine getönte Tagescreme. Sie zaubert dir ein bis zwei Nuancen Farbe ins Gesicht, lässt aber die Haut schön durchscheinen.
Wenn du zu **fettiger Haut** neigst, solltest du zu ölfreiem Make-up greifen. Ideal sind Anti-Shine-Make-ups mit mattierenden Inhaltsstoffen.
Wenn du **trockene Haut** besitzt, ist eine cremige Grundierung besser.
Wenn du **fleckige Haut** hast, solltest du das deckendere Cover-Make-up benutzen.
Wenn du **normale Haut** besitzt, kannst du eigentlich jedes Make-up (Flüssig-, Creme- oder eine Schaumgrundierung) verwenden.

Die richtige Farbe

Damit die Grundierung natürlich wirkt, sollte dein Make-up nicht dunkler als deine Haut sein, sondern die gleiche Farbe besitzen oder sogar eine Nuance heller sein. Am besten testest du die Farbe bei Tageslicht und gleich auf deiner Wange. Du trägst dafür mehrere Make-up-Streifen nebeneinander auf. Optimal ist der Ton, der mit deiner Haut »verschmilzt«. Aber: Make-up dunkelt auf der Haut noch etwas nach. Also warte ein paar Minuten, bis du dich entscheidest.

Schön verteilen

Trage zuerst eine leichte Tagespflege auf der Haut auf und warte kurz, bis sie eingezogen ist. Dann tupfst du das Make-up in der Gesichtsmitte auf und verstreichst es mit den Fingerspitzen oder einem Make-up-Schwämmchen nach außen zu Wangen, Stirn und Kinn. Achte darauf, dass an Ohren, Haaransatz und Kinn keine unschönen Farbränder stehen bleiben. Am besten nimmst du ein Schminkschwämmchen und streichst das Make-up über die Ränder hin gut aus.

Augenringe

Zu lange Party gemacht oder schlecht geschlafen und jetzt hast du Ringe unter den Augen? Störende Schatten tarnst du, indem du rund ums Auge *Abdeckstift* oder *-creme* (auch Concealer genannt) in kleinen Strichen oder Punkten aufträgst und die Farbe mit der Fingerspitze sanft verstreichst. Der Concealer sollte eine Nuance heller als dein Make-up sein und wird über der Grundierung aufgetragen.

Pickel – Ich?!

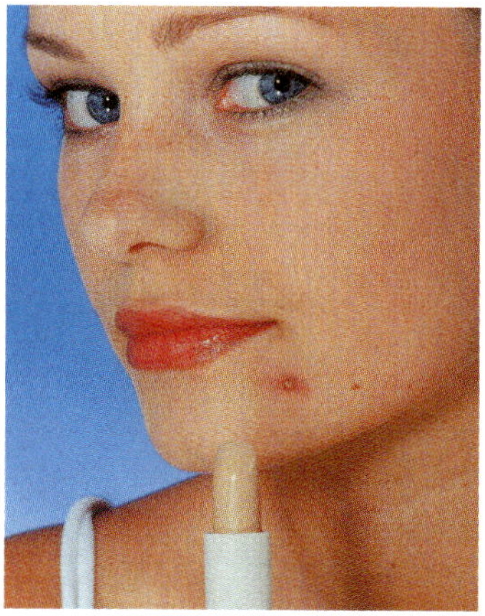

Willst du Pickel wegmogeln, musst du unbedingt zum *antibakteriellen Abdeckstift* greifen. Er kaschiert nicht nur, sondern lässt deine Unreinheiten zusätzlich austrocknen und schneller abheilen. Tipp: Trägst du die Farbe mit einem Lidstrichpinsel auf, lassen sich die Übeltäter punktgenau abdecken. Den Abdeckstift nicht unter den Augen verteilen und auch nie an Freundinnen ausleihen: Es tummeln sich zu viele Bakterien daran. Deswegen den Stift auch öfter mal mit einem Papiertuch abwischen.

Für Rothäute

Großflächige Rötungen kaschiert man am besten mit Grün, der Komplementärfarbe zu Rot. Wichtig: Der grüne Abdeckstift kommt unters Make-up!

Kleiner Teint-Check

Finde schnell heraus, welches Make-up dir steht!

Hast du **blasse Haut** mit einem rosa Schimmer, bist du hellblond, rothaarig oder ein dunkler Schneewittchentyp? Mit hell- und rosabeigefarbenem Make-up kannst du dir Samthaut schminken.
Hast du **beigefarbene Haut,** braune oder helle Augen und dunkelblonde bis mittelbraune Haare? Dann stehen dir mittelbeige- bis ockerfarbene Foundations.
Hast du **olivbraune Haut,** dunkle Augen und braune bis schwarze Haare? Dunkelbeige- oder honigfarbene Make-ups sind richtig für dich.

Grundsätzlich gilt: Gebräunter Sommerteint kann etwas dunklere Töne, blasser Winterteint aber nur helle vertragen!

Visagisten-Trick

Profis benutzen zum Schminken ein spitz zulaufendes *Make-up-Schwämmchen,* weil sich damit die Grundierung bis in die Winkel verteilen lässt.

Vorher die Hände waschen, wenn du die Grundierung mit den Fingern aufträgst. Sonst bringst du jede Menge Schmutz und Bakterien ins Gesicht, was zu Pickelchen führen kann.

Beauty-Frage

Schnell und gleichzeitig gut abdecken, geht das?
Kompakt-Make-up verleiht dir im Nu einen perfekten Teint. Es deckt nicht nur sehr gut ab, sondern mattiert die Haut zugleich, weil es einen sehr hohen Puderanteil besitzt. Trägst du es mit einem angefeuchteten Schminkschwämmchen auf, lässt sich das Make-up besonders fein verteilen.

Shopping-Liste

Für die *perfekte Grundierung* brauchst du: ein Make-up oder getönte Creme entsprechend deiner Hautfarbe und deinem Hauttyp · einen Concealer zum Abdecken von Augenschatten · einen antibakteriellen Abdeckstift für Pickel · ein Make-up-Schwämmchen.

Puder, der Glanz wegzaubert

Der schöne »Beauty-Staub« ist nicht nur etwas für Glanznasen. Gesichtspuder schenkt dir einen samtmatten, feinporigen Teint, bindet das Make-up und macht so die Grundierung noch haltbarer. Gesichtspuder gibt's lose oder gepresst.

Loser Puder

Dieser Puder ist besonders fein und ideal für zu Hause. Am leichtesten lässt sich loser Puder mit einem dicken *Puderpinsel* verteilen. Du nimmst den Puder mit der Pinselspitze auf. Bevor du mit dem Auftragen anfängst, pustest du den Pinsel kurz an oder stupst den Stiel ein paarmal senkrecht auf. So kommt bereits beim ersten Strich die richtige Menge Puder auf die Haut.

Kompaktpuder

Er ist optimal für unterwegs, denn es ist loser Puder, der gepresst wurde. Mit einer Quaste, die meist schon im Puderdöschen liegt, nimmst du kleine Puderportionen ab und drückst sie sanft auf die Haut. Oft besitzt das Puderdöschen einen kleinen Spiegel, das macht das Nachpudern ganz einfach.

Puderpapiere

Diese Papiere sind eine tolle Erfindung und nicht größer als eine Streichholzschachtel, also ideal für kleine Täschchen. Die puderbeschichteten Blättchen werden einfach auf die Haut gedrückt und saugen unschönen Glanz auf.

Clever mattieren

Bei guter Haut kannst du Puder auch ohne Make-up einsetzen und den Teint matt halten. Du trägst ihn überall dort auf, wo deine Haut zu Glanz neigt – meist an Stirn, Nase und Kinn. Verteile ihn immer von oben nach unten, also von der Stirn zum Kinn, damit sich die feinen Gesichtshärchen nicht aufstellen. Pinselst du nämlich gegen den Strich, kann die mattierte Haut kalkig wirken. Make-up und Puder sollten dieselbe Farbe haben. Auf keinen Fall hellen Puder auf eine dunkle Grundierung auftragen oder umgekehrt. Am natürlichsten sieht ohnehin transparenter Puder aus, der den Farbton des Make-ups oder der Haut nicht verfälscht.

Extratipp

Bei *unreiner Haut* solltest du einen Puder mit antibakteriellen Wirkstoffen wählen oder ihn zumindest mit frischen Wattepads statt mit dem Pinsel auftragen. Das verhindert die Übertragung von Bakterien – und neue Pickel.

Puderpinsel, -quasten sowie Make-up-Schwämmchen müssen sauber gehalten werden. Wasch sie regelmäßig mit Shampoo aus und lass sie an der Luft trocknen.

Visagisten-Trick

Mit *Glanzpuder* sorgen die Profis für einen glanzvollen Effekt im Gesicht. Sie pinseln ihn auf Stirn, Wangenknochen und auf das Kinn. Je nach Lichteinfall schimmert die Haut dort verführerisch.

Beauty-Frage

Kann Puder die Poren verstopfen?
Die Zeiten, in denen Puder mit verstopfenden Quellstoffen versetzt waren, sind längst vorbei. Die modernen Puder liegen wie ein Hauch auf dem Teint, enthalten pflegende Substanzen und schützen die Haut vor schädlichen Umwelteinflüssen wie UV-Strahlen.

Shopping-Liste

Für einen samtmatten Teint brauchst du: losen Puder für zu Hause · einen Puderpinsel · Kompaktpuder für unterwegs · Puderquaste.

Rouge, das zu dir passt!

Das Beauty-Talent Rouge zaubert dir rosige Frische auf die Haut, du kannst damit dein Gesicht toll betonen, lebendiger machen und modellieren – auch mal ganz ohne Make-up.

Cremerouge oder Puderrouge?

Grundsätzlich gilt: Creme zu Creme, Puder zu Puder. Cremerouge wird direkt auf die Grundierung gesetzt, sieht aber auch bei ungeschminkter Haut schön aus. Creme die Haut ein, dann lässt sich das Rouge gleichmäßig verteilen (auf trockener oder gepuderter Haut wird es fleckig). Du tupfst Cremerouge von der Wange zu den Schläfen hin auf und verwischst die Rougepunkte sanft mit den Fingerspitzen. Weil Cremerouge nicht so lange hält wie Puderrouge, muss es meist zwei- bis dreimal am Tag nachgebessert werden.

Bei Puderrouge musst du das Gesicht vorher abpudern. Danach lässt es sich mit einem Rougepinsel hauchfein und streifenfrei auftragen. Du fährst mit dem Rougepinsel mehrmals über den roten Puderstein, streichst danach aber nicht gleich über die Wangen, sondern pustest erst vorsichtig über die Pinselspitze. Auf diese Weise erhältst

du genau die richtige Rougemenge für deine Wangen. Lieber ein zweites Mal drübergehen als einmal zu viel Farbe erwischen!
Willst du, dass dein Rouge ganz natürlich wirkt, dann setze es auf die Stelle, die beim Lächeln am meisten hervortritt, und verstreiche es zu den Schläfen hin.
Oje, du hast dir doch zu rote Bäckchen gepinselt! Keine Panik, gehe einfach mit einem Wattepad über die Wangen, damit lässt sich die Farbe etwas »abstauben«. Reicht das noch nicht, dann pinsele etwas Gesichtspuder drüber, das schwächt die Farbe zusätzlich ab.

Rouge mit Glanzpartikeln ist megatrendy, aber nur bei makellosem Teint! Die reflektierenden Schimmerpartikel betonen (leider!) Pickelchen.

Die richtige Farbwahl

Rouge macht deinen Teint lebendig-frisch und kann ganz natürlich aussehen, vorausgesetzt, die Farbe stimmt. Entscheidend für die richtige Farbwahl ist dein Hautton.

- Hast du eine rosige, sehr helle Haut, lässt du sie am besten mit einem rosa- oder apricotfarbenen Rouge erstrahlen. Bei dir lautet die Devise: Weniger ist mehr. Kräftige Farben und starke Rottöne solltest du meiden. Rouge vergessen? Ein paar Tupfer rosa Lipgloss dienen als Rougeersatz.
- Deine Haut hat einen beigefarbenen Grundton? Dann steht dir in Sachen Rouge von Rosa, Orange, Terrakotta und Bronze alles. Auf Knallrot und zu dunkle Brauntöne solltest du aber besser verzichten.
- Deine Haut ist olivfarben und besitzt einen südländischen Ton, dann ist korallenrotes und goldbraunes Rouge perfekt für dich. Korallenrotes Rouge zaubert dir Frische, braunes Rouge mit einem leichten Goldschimmer verleiht deinem Teint einen Hauch Sonnenzauber. Kühle Rougetöne wie Pink oder Lila sind tabu für dich.

Grundsätzlich gilt: Schimmert die Haut eher golden, sollte man warme Farben wählen. Hat die Haut einen rosigen Ton, sind blaustichige, also kühle Rougefarben richtig.

Wangenrouge und Lippenstift sehen Ton in Ton (aus einer Farbfamilie) am schönsten aus. Starke Farbunterschiede (z. B. kühles Rosa und warmes Apricot) wirken unharmonisch.

EXTRATIPP

Wenn du »Bronzing Powder« statt Rouge auf die Wangen pinselst, sieht selbst blasse Haut im Nu nach Sommerferien aus. Nimm mit einem dickeren Rougepinsel etwas »Sonnenpuder« auf und verteile es großflächig auf deiner Schläfen- und Wangenpartie und gib einen Hauch auf den Nasenrücken.

SCHÖN GEFORMT

Visagisten verwenden Rouge, um die Gesichtsform zu korrigieren. Probier es einfach mal aus:

- Wenn du ein *rundes Gesicht* hast, solltest du nicht zu sehr die Wangen betonen, sondern das Rouge von den Nasenflügeln aus unterhalb des Wangenknochens zu den Schläfen hin auftragen. Das lässt dein Gesicht schmaler wirken. Mach einen Schmollmund und gib das Rouge in die Mulde unter den Wangenknochen. Wichtig: Glanzrouges solltest du meiden, sie heben Rundungen im Gesicht noch mehr hervor.
- *Eckige Gesichter* verlieren ihre Kantigkeit, wenn du das Rouge seitlich am Wangenknochen breiter verteilst und mit dem Farbrest den Kieferknochen schattierst. Eine *breite Stirn* kannst du optisch verschmälern, wenn du sie seitlich mit etwas Rouge abdunkelst.
- Ein *längliches Gesicht* verkürzt du optisch, wenn du das Rouge bei der Mitte der Wangenknochen ansetzt, es zu den Ohren hin auslaufen lässt und mit dem Puderrest noch das Kinn etwas abschattierst.
- Ein *leichtes Doppelkinn* lässt sich kaschieren, wenn du es mit Rouge etwas abdunkelst.

- *Ovale Gesichter* haben eine sehr harmonische Form. Darum musst du mit Rouge nichts kaschieren. Du kannst aber deine Vorzüge toll betonen, wenn du das Rouge direkt auf die Wangenknochen platzierst.

Welche Gesichtsform hast du?

Beim **runden** Gesicht sind die Wangen voll und großflächig, die Wangenknochen eher unscheinbar. Seine äußere Kontur wirkt fast wie ein Kreis.
Das **eckige** Gesicht hat eine breite Stirnpartie, eher hohe und wenig ausgeprägte Wangenkochen und eckige Kieferknochen. Ein dreieckiges Gesicht besitzt ein spitzes Kinn.
Das **längliche** Gesicht ist schmal, gestreckt und besitzt eine wenig ausgeprägte Wangenpartie.
Das **ovale** Gesicht besitzt schön ausgewogene Gesichtszüge. Die Wangenknochen sind ausgeprägt, die Kontur verläuft in einem weichen Oval von der Stirn zum Kinn.

Extratipp

Wenn du einen Hauch Rouge direkt unter den Brauen verteilst, lässt das deine Augen größer und strahlender wirken.

Visagisten-Trick!

Profis tragen Rouge immer als allerletzten Schritt des Make-ups auf, weil sie dann am leichtesten sehen, wie viel Farbe das Gesicht noch braucht. Also sogar noch nach dem Augen-Make-up und dem Lippenstift.

Beauty-Frage

Wie lassen sich *Rougebalken* vermeiden?
Wer Probleme mit Cremerouge hat, sollte besser Puderrouge benutzen. Geht man anschließend nochmals mit Transparentpuder über die Farbe, lassen sich Ränder ausblenden und der Rougeton wird abgeschwächt.

Shopping-Liste

Für rosigen Teint brauchst du: Puderrouge · Rougepinsel · Gesichtspuder · Cremerouge · Tagescreme.

So machst du schöne Augen

Zupfen, tuschen, schattieren, mit ein paar Tricks werden deine Augen zum absoluten Blickfang.

Zupf dich schön

In Form gezupft und schwungvoll betont, erhalten deine Augenbrauen den perfekten Bogen. Die Arbeit lohnt sich, denn die Brauen formen dein Gesicht entscheidend mit. Sie können den *Blick öffnen*, aber auch finster machen, dann nämlich, wenn sie zu buschig sind oder über der Nase zusammenwachsen.

Massarbeit

Im Idealfall beginnen die Brauen über dem inneren Augenwinkel und reichen über die äußeren Augenwinkel hinaus. Um die Punkte zu finden, an denen deine Brauen beginnen und enden sollen, legst du am besten einen Stift an. Du führst ihn senkrecht am Nasenflügel über den inneren Augenwinkel nach oben – hier sollte dein Brauenanfang sein. Jetzt lass den Stift vom Nasenflügel schräg über den äußeren Augenwinkel zeigen und du erhältst das ideale Brauenende. Härchen, die außerhalb der Ideallinie aus der Reihe tanzen, werden gezupft.

Normalerweise genügt es, wenn du einzelne Härchen am unteren Brauenrand zupfst, um einen sauberen, natürlichen Bogen zu erhalten. Markierst du die Härchen mit weißen Kajal, zupfst du garantiert nicht zu viele weg. *Generell:* Gezupft wird immer in Wuchsrichtung, die obere Kontur bleibt natürlich. Damit es beim Zupfen nicht so ziept, spannst du die Haut am Oberlid mit den Fingern und zupfst die Härchen in Wuchsrichtung aus. Rötungen nach dem Zupfen verschwinden im Schlaf, wenn du die Härchen abends entfernst. Willst du nach dem Zupfen noch ausgehen, kühle die Stelle mit einem Eiswürfel. Das beruhigt die Haut und lässt Schwellungen abklingen.

Am leichtesten lassen sich die Härchen nach einer heißen Dusche zupfen, da die Poren dann geöffnet sind.

Lückenlos

Manchmal kommt es vor, dass den Brauen Härchen fehlen. Womöglich hast du dich verzupft, dein Brauenbogen ist zu kurz oder du hast gar eine Narbe. Alles kein Problem. Mit einem gespitzten *Augenbrauenstift* setzt du viele kleine Striche in Wuchsrichtung zwischen die Härchen. Vorsicht: keine Balken malen! Anstelle eines Brauenstiftes kannst du auch *Brauenpuder* verwenden, den du mit einem abgeschrägten Brauenpinsel aufträgst. Anschließend bürstest du noch einmal sanft mit einem *Brauenbürstchen* über die Braue. Das verwischt die Farbe etwas und blendet sie unsichtbar in die Braue ein.

Glanzvolles Finish

Mit einem *Augenbrauen-Gel* gibst du deinen Brauen letzten Schliff: Die Härchen bleiben so länger in Form und bekommen einen tollen Glanz. Zum Fixieren kannst du auch Haarspray benutzen. Du sprühst es auf Kämmchen oder Bürstchen und kämmst so deine Brauen in Form.

Visagisten-Trick

Wenn deine Brauenhärchen zu lang sind, hilft folgender Profi-Trick: Die Augenbrauen mit einem Wimpernkamm nach oben kämmen und die Spitzen der Härchen mit einer Nagelschere vorsichtig kürzen. Sehr helle Brauenhärchen tönen die Profis mit getönter Brauenmascara. Notfalls geht auch eine hellbraune Mascara.

Beauty-Frage

Wachsen gezupfte Brauen wieder nach?
Keine Angst, Augenbrauen wachsen wieder nach, auch wenn sie ausgezupft wurden. Ähnlich wie bei epilierten Beinhärchen braucht das Nachwachsen der Haare *vier bis sechs Wochen*.

Shopping-Liste

Für top gestylte Brauen brauchst du: eine flache Pinzette · eine Spezialpinzette mit Automatik-Funktion fürs schnelle Zupfen · weißes Kajal zum Markieren · Augenbrauenstift · Brauenpuder in der Farbe deiner Härchen (Lidschattenpuder geht auch) · Brauenpinsel · Fixiergel für störrische Brauen · Brauenbürstchen.

Traum-Wimpern

Der richtige Tusch lässt deine Wimpern endlos lang und dicht erscheinen.

Richtig tuschen

Wimperntusche (engl. Mascara) wird grundsätzlich vom Wimpernansatz zu den Spitzen hin aufgetragen. Profis tuschen die oberen Wimpern in leichten Zickzackbewegungen, dann gibt's keine Fliegenbeine. Die unteren Wimpern lassen sich leichter tuschen, wenn du das Bürstchen senkrecht hältst und deinen Kopf leicht nach oben beugst. Das Tuschebürstchen vor jedem Auftragen am Rand des Behälters abstreifen, damit nicht zu viel Farbe auf die Wimpern kommt. Hast du dennoch zu viel Tusche erwischt, hilft ein Wimpernkämmchen, mit dem du die noch feuchten Härchen von unten her trennst. Zweimal getuschte Wimpern wirken fülliger und länger. Die Härchen nach dem Auftragen kurz trocknen lassen, bevor du das zweite Mal tuschst. Wenn du ein dunkler Typ bist, sieht schwarzes Mascara klasse aus. Bei heller Haut und hellen Wimpern besser eine dunkelbraune Wimperntusche nehmen. Farbige Tusche ist ein Hingucker und ideal, wenn du auffallen willst. Weniger bunt wirkt es, wenn du nur die Wimpernspitzen damit färbst.

Tuschepatzer kannst du mit einem in Augen-Make-up-Entferner getauchten Wattestäbchen entfernen.

Mach die Biege!

Keinen Schwung in den Wimpern? Dann nimm sie in die Zange! Vor dem »Wimpernbiegen« die Härchen durchkämmen, dann die Wimpernzange dicht am Wimpernrand ansetzen, die Härchen vorsichtig einklemmen, einmal sanft und kurz zusammendrücken – nicht zu lange oder zu fest, sonst gibt's Knicke! Die Zange vollständig öffnen, bevor du sie vom Auge nimmst. Wichtig: Nur die ungetuschten Wimpern biegen und nicht ziehen, sonst brechen die Wimpern ab. Bei Wimpernknicken die Härchen anfeuchten, trocknen lassen und erneut formen.

Kleine Helfer, grosse Wirkung

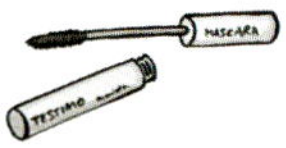

Mascaras sind kleine Schminktalente, die je nach Bürstchen deine Wimpern formen, verlängern, verdichten und pflegen können:

Mit einem **spiralförmigen Bürstchen** geht das Tuschen ganz einfach, denn es färbt und trennt die Wimpern gleichzeitig.
Bürstchen in **Footballform** zaubern selbst in feinste Wimpern ein tolles Volumen.
Halbmondförmige Bürstchen verleihen geraden Wimpern einen tollen Schwung.
Pfeilförmige Bürstchen pushen kurze Wimpern auf XL-Länge.
Extradichte Borsten bringen besonders viel Fülle in dünne Wimpern.
Kurze Borsten sind ideal für sehr kurze Wimpern.
Wasserfeste Tusche läuft selbst bei Freudentränen nicht über die Wangen.
Soft-Mascaras halten die Wimpern toll geschmeidig. Die Härchen werden nicht hart.
Color-Mascara betont trickreich die Augenfarbe. Hellen Augen steht smaragdgrüne und violette Wimperntusche richtig gut, braune Augen lassen sich mit blauer, grüner und goldbrauner Tusche schön unterstreichen.
Farblose Mascara wirkt nachts als Wimpernpflege, lässt tagsüber die Wimpern schön glänzen und verstärkt die Leuchtkraft von farbiger Mascara.
Weiße Mascara, vor dem Tuschen als Grundierung aufgetragen, verleiht den Härchen mehr Volumen.

Extratipp

Eine dunkle Kontur am oberen Lidrand lässt deine Wimpern länger und dichter aussehen. Dafür ziehst du mit schwarzem Kajal einen Lidstrich entlang des Wimpernrandes und verwischst ihn etwas. Das sieht dann ganz natürlich aus.

Echt falsch

Keine Lust auf ein morgendliches Schminkprogramm? Dann probier's doch mal mit *Wimpernfärben*! Du kannst die Wimpern beim Friseur oder der Kosmetikerin färben lassen oder es selbst machen. Die Farbe hält bis zu vier Wochen.

Fake Nummer zwei: *künstliche Wimpern* zum Klimpern. Toll zum Ausgehen! Du nimmst die »Falschen« mit einer Pinzette bei den Spitzen auf, gibst Kleber (meist im Päckchen) auf den Rand und klebst sie so dicht wie möglich an den eigenen Wimpernrand. Danach verbindest du die echten und falschen Wimpern mit etwas Mascara und ziehst einen schwarzen Lidstrich am Wimpernrand. Vor dem Schlafengehen zupfst du die Fake-Wimpern ab, säuberst den Rand und gibst sie – bis zum nächsten Einsatz – ins Schächtelchen zurück.

Visagisten-Trick

Vor dem Tuschen pinseln die Profis ein wenig losen Puder auf die Wimpern. Er legt sich auf die Härchen und lässt die getuschten Wimpern dichter aussehen.

Beauty-Frage

Warum brechen Wimpern ab?

Fast immer ist schlampiges Abschminken schuld! Die Tusche legt sich wie ein festigender Film um jedes Härchen. Werden sie nicht gründlich gereinigt, stoßen die steifen Härchen beim Schlafen auf das Kissen und brechen ab. Mit Augen-Make-up-Entferner lässt sich Mascara am besten entfernen. Keinen zur Hand? Im absoluten Notfall geht auch mal Babyöl. Aber Vorsicht, empfindliche Augen können anschwellen.

Shopping-Liste

Für toll geformte Wimpern brauchst du: die passende Mascara · Wimpernzange · Wimpernkämmchen · Augen-Make-up-Entferner.

Magic Eyes

Für rundum magische Augenblicke sorgen Lidschatten und Lidstrich.

Creme, Puder oder Stift?

Welchen Lidschatten du wählst, bleibt dir überlassen. *Cremelidschatten* ist ideal für Anfänger. Er lässt sich schnell mit dem Finger auf dem Lid verteilen, sieht natürlich aus und passt schön zu einem Tages-Make-up. Ebenso leicht geht's mit dem Stift, der direkt aufs Lid gegeben wird. *Puderlidschatten* wird mit einem Schwämmchen-Applikator oder Lidschattenpinsel aufgetragen. Du solltest das Lid vorher abpudern, dann lässt sich die Farbe schön gleichmäßig verstreichen. Nicht zu viel Puderlidschatten auf den Applikator aufnehmen, sonst staubt es.

Schöne Schattenspiele

Generell sollte der Lidschatten (engl. Shadow) beim Wimpernansatz am kräftigsten sein und zu den Brauen hin immer zarter werden. *Hellen Lidschatten* kannst du ruhig bis zu den Brauen auftragen, *dunklen Lidschatten* solltest du hingegen nur auf das bewegliche Lid oder die Lidfalte geben. Besonders *glänzende Augen* bekommst du, wenn du erst Lidschatten aufs Auge gibst und

dann farbloses Gloss drübertupfst. Schattierungen in *Braun, Grau* oder *Dunkelblau* machen den Blick sinnlich und sehen besonders toll bei großen, schön geformten Augen aus.

Highlight

Weißen, hellbeigen oder hellrosa Lidschatten mit Pearleffekt nennt man auch »Highlighter«. Mit ihm kannst du toll Akzente setzen. Unterhalb der Augenbrauen verteilt, hebt er die Braue optisch an und lässt das Lid größer wirken. Ein Tupfer auf die Lidmitte platziert, macht das Auge strahlender und rückt auch kleine oder tief liegende Augen ins rechte Licht.

Absoften

Ist die Schattierung zu knallig oder sind die Farbübergänge zu kantig geworden, kannst du sie mit einem *Hauch Gesichtspuder* entschärfen. Stäube ihn mit einem Puderpinsel über das Lid, das wirkt wie ein Weichzeichner.

Extratipp

Soll die Schattierung besonders intensiv leuchten, musst du den Lidschattenpuder mit angefeuchtetem Schwämmchen oder Pinsel auftragen.

Lass dich beim Kauf nicht von der Farbe des Lidschattens abschrecken. Sie sehen später auf dem Lid viel weniger intensiv aus.

Alle mal hergucken!

Mit der richtigen Lidschattenfarbe und Schminktechnik lässt sich sogar die Augenform optisch korrigieren:

Kleine Augen brauchen helle Farben, damit sie größer wirken. Du trägst den hellen Lidschatten bis zu den Brauen auf und betonst nur die Lidfalte und den äußeren Augenwinkel mit einem etwas dunkleren Ton.
Eng stehende Augen rücken optisch auseinander, wenn du die inneren Augenwinkel mit hellem und die äußeren Augenwinkel mit dunklem Lidschatten betonst. Auch gut: Mascara nur auf die äußeren Wimpern geben.
Weit auseinander stehende Augen rücken optisch zusammen, wenn du dunklen Shadow auf die inneren Augenwinkel tupfst und ihn bis zur Lidmitte auslaufen lässt. Danach hellen Lidschatten auftragen. Noch ein Trick: Die inneren und mittleren Wimpern kräftig tuschen.
Runde Augen wirken mandelförmiger, wenn man den Lidschatten nur auf das äußere Drittel des Lides aufträgt.
Schlupflider werden gemildert, wenn du erst das ganze Lid mit hellem Lidschatten grundierst und dann das bewegliche Lid bis zur Lidfalte dunkel schattierst. Ganz viel schwarze Mascara macht deine Augen ausdrucksstärker.

Extratipp
Für *Katzenaugen* werden die oberen Wimpern etwas schräg zur Seite getuscht und der äußere Augenwinkel mit dunklerem Lidschatten kräftig betont.

Bring Farbe ins Spiel

Blaue und **blaugraue Augen**: Dir stehen Rosa, Braun, Silber und Apricottöne super.

Grüne und **hellbraune Augen** strahlen mit Flieder und rostroten Tönen. Schön ist auch, wenn du deine grünen Augen Ton in Ton mit Smaragdgrün oder Türkis unterstreichst.

Braunen Augen verleihen Gold und Orange einen frechen Funkelblick.
Toll für deine Rehaugen sind auch Grün- und Blautöne.

Visagisten-Trick
Profis schwören auf einen *Vergrößerungsspiegel*. Der Grund: Damit lässt sich das perfekte Auftragen und Einblenden von Farben (z. B. Rouge) bestens kontrollieren. Wichtig ist auch gutes Licht: tagsüber vor dem Fenster schminken. Kunstlicht sollte nicht zu gelblich sein.

Beauty-Frage
Was kommt wann beim Augen-Make-up?
Zuerst bringst du deine Brauen in Form, dann trägst du Lidschatten auf. Zuletzt werden die Wimpern getuscht.

Schön auf ganzer Linie
Kajal und Eyeliner sind super, wenn du deine Augen noch ein bisschen mehr betonen willst.

Kajal oder Flüssig-Eyeliner?

Anfängerinnen kommen meist mit *Kajal* besser zurecht, weil sich der Strich mit dem weichem Stift einfacher ziehen lässt. Außerdem: Sollte die Linie mal missglücken, kannst du sie verwischen und daraus einen rauchigen Look kreieren. Fürs Tages-Make-up sollte die Linie ohnehin mit dem Wattestäbchen verwischt werden. Zum Ausgehen darf sie aber präzise und kräftig sein. Kajal lässt sich spielend leicht auftragen, wenn du das Augenlid mit dem Finger etwas spannst und die Linie dicht am Wimpernrand ziehst. Mit schwarzem Kajal intensivierst du den Blick. Fährst du damit auch noch den Lidinnenrand nach, erhältst du top-trendige »Smoky Eyes«. Toll macht sich auch immer ein farbiges Kajal als Rahmen oder nur am Oberlid oder am Unterlid.

DAS GEHT SPITZE!

Zum Spitzen deines Kajal brauchst du einen extra *Kajal-Anspitzer.* Bricht die Mine auch damit ab, ist sie wahrscheinlich ultraweich. Tipp: Leg den Stift zehn Minuten in den Kühlschrank.

VISAGISTEN-TRICK

Weil die Mine von Kajalstiften mitunter auch hart sein kann, malen die Profis mit der Spitze erst mal *über den Handrücken.* Durch die Körperwärme wird die Mine geschmeidiger. Bringt das nichts, föhnen sie den Stift kurz an.

EXTRATIPP

Wirken deine Augen müde oder etwas getrübt, dann hilft Trick 17: Du trägst rosa oder hellblaues Kajal auf dem inneren Lidrand auf, schon strahlt dein Augenweiß ruck, zuck frisch und heller.

SCHON GEWUSST?

Wusstest du, dass schwarzes Kajal bei den Inderinnen und Ägypterinnen nicht nur zur Verschönerung diente? Dunkle Farbe schluckt auch Sonnenlicht. Malt man sich schwarz umrandete Augen, kann man die Augen in der Sonne besser offen halten.

KEINE ZITTERPARTIE

Flüssiger Lidstrich braucht fürs Auftragen ein ruhiges Händchen. Am besten stützt du dabei den Ellenbogen auf. Dann noch das Lid leicht zur Schläfe hin spannen, nach unten blicken und die Linie in einem Rutsch von innen nach außen durchziehen. Für einen breiten Lidstrich setzt du

einfach eine Linie drüber. Gepatzt? Mit einem feuchten Wattestäbchen kannst du den Strich korrigieren, aber nur solange die Farbe noch nicht trocken ist. Probleme? Einfacher lässt es sich stricheln, wenn man vorher dicht am Wimpernkranz kleine Pünktchen setzt und sie dann zu einer Linie verbindet. Der klassische Lidstrich beginnt im inneren Augenwinkel, verbreitert sich zur Mitte hin und läuft am äußeren Augenwinkel mit einem kleinen Aufwärtsschwung aus.

Beauty-Frage

Wie bekommt man einen dünnen Lidstrich hin?
Den Pinsel vor dem Auftragen am Flaschenhals abstreifen, dann wird der Strich nicht so breit. Außerdem darauf achten, dass die Pinselhärchen geschlossen sind und nicht abstehen.

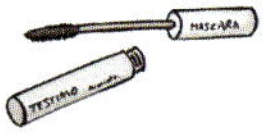

Shopping-Tipp

Für den Strahleblick brauchst du: Lidschatten in Puder-, Creme- oder Stiftform · Gesichtspuder zum Grundieren · Lidschattenpinsel oder Schwämmchen-Applikator · Kajal oder Flüssiglidstrich.

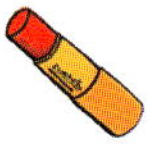

Sexy Kussmund

So verleihst du dir Lippen zum Anbeißen.

Schön auf ganzer Linie

Toll geschwungene Lippen verleiht dir der *Konturenstift* (engl. Lipliner), mit dem du den Rand deiner Lippen nachfährst. Du beginnst beim Lippenherzchen, zeichnest es nach und malst dann jeweils die Linie zum rechten und linken Mundwinkel. Die Unterlippe konturierst du in einem Rutsch von links nach rechts. Achte darauf, dass der Konturenstift weich ist, dann lässt er sich leichter auftragen. Die Farbe des Lipliners sollte deiner natürlichen Lippenfarbe oder der des Lippenstifts ent-

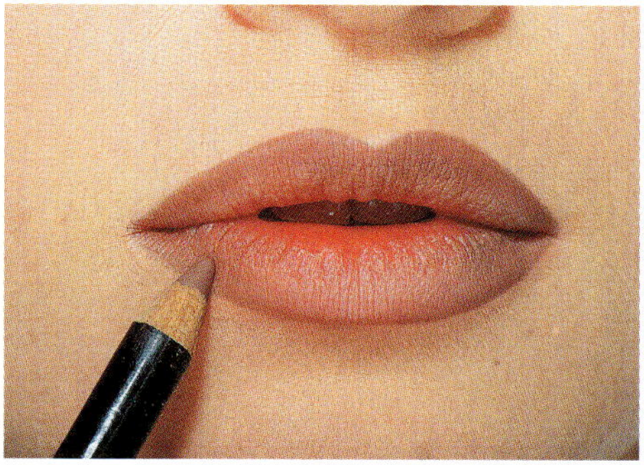

sprechen. Nach dem Konturieren füllst du die Lippen mit *Lippenstift* aus. Wenn du den Lippenstift mit einem Pinselchen aufträgst, hält er nicht nur länger, sondern ist auch ergiebiger. Pinsele die Farbe direkt auf die Kontur und fülle danach die Lippen vollständig aus. Besonders haltbar und kussfest wird deine Lippenmalerei, wenn du die erste Lippenstiftschicht mit einem Kosmetiktuch vorsichtig abtupfst und dann eine weitere Schicht aufträgst. Willst du richtig glänzen, gibst du eine Portion Gloss darüber. Allerdings ist dann die Farbe nicht so haltbar.

Kleine Lipstick-Kunde

Liquid-Lipstick ist flüssige Lippenfarbe, die für natürliche und moderne Effekte sorgt – fast so, als hätte man gerade in eine dunkelrote Kirsche gebissen. Die Farbe wird aufgetupft oder aufgepinselt.

Creme-Lippenstifte pflegen Lippen optimal, fallen in der Farbe aber eher soft aus.

Glamour-Stick, der Partystar unter den Lippenstiften, sorgt mit schimmernden Partikeln für glamouröse Effekte.

Matter Lippenstift ist sehr farbintensiv, aber nicht so pflegend. Tipp: Lippenbalsam darunter auftragen.

Longlasting-Lipstick hält und hält. Er ist kussfest und übersteht auch einen kleinen Tauchausflug.

Die richtige Farbwahl

Lippenstift muss nicht unbedingt auf dein Outfit oder den Nagellack abgestimmt sein, viel wichtiger ist, dass er zu deinem Typ passt:

- Zu hellem Teint passen am besten Flieder- und Rosatöne oder helle Glitzerstifte.
- Bei leicht getöntem Teint sehen orangestichige Töne, Koralle, Geranie und Lachsrot besonders schön aus.
- Bei südländischem Teint sollte man dunklere Rottöne wie Ziegelrot oder Karminrot nehmen. Dir stehen aber auch violettstichige Töne wie Aubergine und Pflaume sowie dunkles Braun.

Lippenstiftflecken auf den Zähnen lassen sich mit einem Model-Trick vorbeugen: Zeigefinger in den geschminkten Mund stecken, die Lippen schließen und den Finger wieder rausziehen.

Glossartig

Farbig oder klar, Gloss ist eine tolle Alternative zum Lippenstift. Weil Gloss gerne verschmiert oder »ausläuft«, nur einen Tupfer in die Lippenmitte setzen und es dann mit dem Finger oder dem Applikator nach außen verteilen. Weil es weniger Farbpigmente enthält, muss öfter nachgeschminkt werden. Also immer mitnehmen!

Schon gewusst?

Lippen sind rot, weil sie keine Hornschicht haben und die Blutgefäße durchschimmern. Deshalb sind sie aber auch besonders empfindlich und brauchen viel Pflege und Sonnenschutz.
Weil Rosé der natürlichen Lippenfarbe am ehesten entspricht, steht diese Farbe eigentlich jedem.
Der Lippenstift wurde 1883 erfunden. Die Lippenfarbe in Stäbchenform war damals purer Luxus, sie kostete umgerechnet 50 Euro. Der Lippenstift wurde Stylo d'amour genannt.

Super in Form

Jetzt gibt's für jede Mundform noch die richtigen Schminktipps:

Schmale Lippen: Zu dünne Lippen wirken mit hellen Farben größer. Wer zusätzlich nachhelfen will, zieht mit rosenholzfarbenem Lipliner den äußersten Lippenrand nach und malt dann den Mund mit Lippenstift aus. Für den »Schmolleffekt« ein wenig irisierendes Gloss auf die Mitte der unteren Lippe tupfen.

Dünne Seiten: Dein Mund wird perfekt betont, wenn du die Oberlippe zwischen die Zähne nimmst, dann das Lippenherzchen mit Lipliner nachziehst und die Seiten leicht außerhalb des Lippenrandes nachzeichnest. Nach dem Schminken seitlich etwas Pearlglanz oder Gloss auftupfen.

Volle Lippen: Mit dunklem, mattem Lippenstift wirkt ein voller Mund weicher und dezenter. Wer möchte, kann noch die Innenkontur mit Lipliner nachziehen, die Farbe nach innen verwischen und das Ganze mit Lippenstift ausfüllen. Das verschmälert deine Lippen optisch zusätzlich.

Auf Schmusekurs

Mit weichen Lippen küsst es sich nicht nur besser, auf *gepflegten Lippen* sieht auch Lipstick oder Gloss besser aus. Darum öfter mal ein Lippenpeeling mit einer trockenen Zahnbürste machen, hinterher Lippenbalsam auftragen oder Honig einziehen lassen.

Beauty-Frage

Was tun bei bläulichen Lippen?
Erst aufhellen, dann anmalen! Decke den Mund mit Make-up oder Abdeckstift ab. Anschließend kannst du mit rosenholzfarbenem Gloss oder Lippenstift drübergehen.

Visagisten-Trick

Die Profis mischen auf dem Handrücken *zwei bis drei Lipstickfarben* mit dem Lippenpinsel an. So kann man auch Lippenstiftreste aufbrauchen – oder eine etwas langweilig gewordene Farbe auffrischen.

Shopping-Tipp

Für den perfekten Kussmund brauchst du: Lippenbalsam für zarte Lippen · Lipliner für eine exakte Kontur · Lippenstift in deiner Lieblingsfarbe · Lippenpinsel zum exakten Auftragen · Lipgloss für Extraglanz.

Pinsel & Co.

Das perfekte Handwerkszeug, so erkennst du es:
Brauenpinsel sind abgeschrägt.
Lidschatten- und **Concealer-Pinsel** sind flach und schmal.

Rougepinsel sind kleiner als Puderpinsel. Abgerundet bekommst du Apfelbäckchen, angeschrägt sind sie toll zum Modellieren.
Puderpinsel sind dick und dicht, damit sie den Puder gleichmäßig verteilen können.
Lippenpinsel sind spitz und dürfen nicht zu weich sein, so lässt sich die Farbe gut auftragen. Auch Camouflage-Creme, die dunkle Pigmentflecken hübsch kaschiert, lässt sich damit präzise auftragen.
Fächerpinsel entfernen unerwünschte Puderpartikel z. B. von Lidschattenpuder und überschüssigem Gesichts- wie Rougepuder.
Lidstrichpinsel sind dünn und sehr spitz. Sie eignen sich auch für punktuelles Auftragen, zum Beispiel von Abdeckcreme.
Schminkschwämmchen sollen aus weichem Kautschuk sein, damit sie das Make-up schön gleichmäßig verteilen.
Weiche Puderquasten kann man statt Puderpinseln nehmen, sie stäuben auch überschüssigen Rougepuder ab.
Wimpernkamm und **-bürstchen** trennen Härchen sanft und formen die Wimpern.

Nobody is perfect!

Mit ein paar Tricks kannst du ganz einfach kleine Makel korrigieren und deinen Typ so richtig zum Strahlen bringen.

Erst geht's nach deiner Nase!

Deine Nase passt dir nicht? Damit bist du nicht allein! Mehr als die Hälfte aller Girls sind mit ihrer Nase unzufrieden! Aber was einen selbst furchtbar stört, fällt anderen noch lange nicht auf. Dennoch unglücklich? Mit Make-up und Rouge kannst du dir ein »nettes Näschen« zaubern!
Du hast eine *breite Nase* und möchtest, dass deine Nase schmaler wirkt? Dann schattiere beide Nasenflügel mit dunklerem Rouge oder Make-up und helle den Nasenkamm mit hellerem Make-up oder Lidschatten auf. Die Ränder gut absoften und zuletzt mit transparentem Puder drübergehen.
Einen kleinen Höcker oder eine *gebogene Nase* kannst du wegmogeln, indem du auf der höchsten Stelle etwas dunkleres Make-up (einen Hauch dunkler

als dein Teint) verteilst. Die Ränder gut verwischen und zum Schluss die gesamte Nase mit Transparentpuder mattieren.
Du findest deine *Nase zu spitz*? So kannst du sie kaschieren: Platziere entweder dunkleres Make-up oder bräunliches Rouge direkt auf die Nasenspitze und verwische die Ränder mit den Fingerspitzen.
Du hast eine *Stupsnase* und deine Nasenspitze zeigt leicht nach oben? Tupfe auf den höchsten Punkt deiner Nasenspitze ein wenig dunkleres Make-up und danach etwas helleres Make-up. Dann musst du die Ränder schön verstreichen.

Blickfang mit Brille!

Brille ist hip. Also ärgere dich nicht, wenn du eine tragen musst. Außerdem kannst du dich mit dem richtigen Make-up toll in Szene setzen – und Boys ins Auge fallen!

Make-up für Kurzsichtige

Bist du kurzsichtig, dann verkleinern die Brillengläser optisch deine Augen etwas. Aber wenn du sie richtig betonst, wirken sie im Nu größer.

1. Bringe erst deine Brauen in Form.
2. Schattiere dann das Oberlid bis zur Lidfalte mit hellbraunem Shadow.
3. Trage cremefarbenen Lidschatten als Highlighter unter dem auslaufenden Brauenbogen auf.
4. Auf die Wimpern gibst du schwarze Mascara. Du kannst sie sogar zwei- bis dreimal tuschen.
5. Noch größer wirken deine Augen durch weißes Kajal im unteren Innenlid.
6. Für einen unvergesslichen Augenblick am Abend kannst du das Ober- und Unterlid noch mit einem schwarzen Lidstrich betonen. Mit dem Eyeliner aber erst ab der Augenmitte beginnen. Das macht schöne große Augen!

Make-up für Weitsichtige

Bist du weitsichtig, können die Brillengläser deine Augen unschön vergrößern. Aber mit der richtigen Schminktechnik gleichst du das lässig aus:

1. Trage aufs innere Augenlid bis etwa zur Lidmitte hellgrauen Lidschatten auf, nach außen hin dunkelgrauen. Verwische die Übergänge sanft.

2 Entlang des unteren Wimpernrandes pinselst du ebenfalls dunkelgrauen Lidschatten auf.

3 Mit einem schwarzen Kajal im unteren Innenlid wirkt das Auge zusätzlich kleiner.

4 Zum Schluss tuschst du die oberen und die unteren Wimpern kräftig schwarz. Für dich gilt: Je dunkler du dein Auge umrahmst, desto mehr verkleinerst du es optisch. Aber Vorsicht: nicht »in den Farbtopf fallen«. Brillengläser, die das Auge vergrößern, machen auch bunte Schminke stärker sichtbar.

Kontaktlinsen?

Achtung beim Schminken! Kontaktlinsenträgerinnen müssen beim Schminken sorgfältig sein. Lidschattenbrösel, Glitzerpartikel oder Puderstaub im Auge werden von den Linsen sehr übel genommen. *Grundsätzlich*: Vor dem Einsetzen der Linsen den Gesichtspuder auftragen und auch die Wimpern tuschen. Besser cremige Shadows verwenden. Sie stauben nicht. In Apotheken und Optikerläden gibt es auch Spezialkosmetik für Kontaktlinsenträgerinnen.

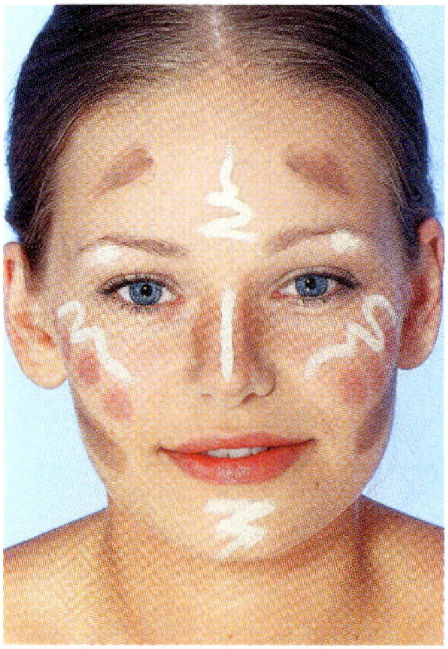

Kleine Face-Korrektur gefällig?

Mit einem dunklen und einem hellen Make-up kannst du deine Gesichtsform raffiniert und sanft modellieren. Auf Gesichtspartien, die optisch in den Hintergrund treten sollen, trägst du die dunklere Grundierung auf. Bereiche, die du betonen willst, werden aufgehellt. Das geht so: Bei einem *runden Gesicht* verteilst du unterhalb der Wangenknochen das dunkle Make-up und auf die Wangenknochen sowie die Kinnspitze gibst du das helle. Bei einem *eckigen Gesicht* dunkelst du den Kieferknochen und die Stirn seitlich ab, oberhalb der Wangenknochen hellst du auf. Bei einem *länglichen Gesicht* schminkst du das Kinn, Stirnansatz und den Bereich unterhalb der Wangenknochen dunkler. Oberhalb der Wangen wird heller grundiert.

Lust auf ein Make-up zum Verlieben?

Wusstest du, dass über die Hälfte aller Jungen auf natürliche Mädchen stehen?
Mit diesen Schminktricks kannst du im Nu umwerfend aussehen, aber dennoch fast ungeschminkt wirken. Damit der Teint schön natürlich bleibt, verwendest du eine getönte Tagescreme. Dann gibst du helles Kajal auf den unteren Lidinnenrand und tupfst perlmuttfarbenen Glanzshadow unter die Brauen und auf die inneren Augenwinkel. Das lässt deine Augen fröhlich strahlen. Mit schwarzer Mascara tuschst du nur die obere Wimpernreihe. Der Trick: Deine Augen sehen »pur« aus, aber erscheinen doch größer. Jetzt zauberst du dir noch mit hellem Gloss einen süßen Schmollmund. Um die Lippen voller wirken zu lassen, füllst du das Lippenherzchen mit einem Konturenstift in deiner Lippenfarbe auf. Die kleine Mogelaktion hat's in sich und dauert keine fünf Minuten!
Dein Traumboy wartet schon? Ganz ruhig, so süß gestylt wirst du ihm bestimmt den Kopf verdrehen.

... und noch eine wichtige Überlegung

Dein Make-up sollte mit dem Outfit harmonieren. Überleg dir vor dem Schminken, was du anziehst. Wenn du Weiß trägst, darf die Teintgrundierung nicht zu dunkel sein.
Achtung auch bei zu viel Farbe beim Augen-Make-up! Ein grünes Top braucht ergänzend warme Nuancen wie Apricot, Sonnengelb und Kupfer. Mit Rot legst du dich fest: Lippenfarbe und Rouge müssen genau auf den Rotton deiner Bekleidung abgestimmt sein. Das Augen-Make-up sollte dezent bleiben. Grau erlaubt alles: von rotem Lipstick bis Pastell-Make-up. Schwarz ist ebenso neutral und lässt vieles zu: helles Make-up, orangerote Lippen, aber auch kühle Farbtöne.

Blond, dunkel oder rothaarig?

Dein Make-up solltest du natürlich auch immer auf deinen persönlichen Farbtyp abstimmen.

- Für die blonde Beauty
  Für die Augen: zarte Töne von Rosé bis Violett, Blau und schillerndes Aquamarin. Für die Lippen: Rosa und violette Töne sehen besonders toll aus. Für die Wangen: Rosiges Rouge schmeichelt dir am meisten.
- Für die rothaarige Beauty
  Für die Augen: Meerfarben von Grün und Blau bis Türkis lassen deine Augen funkeln. Für die Lippen: Gelbliches bis goldbraunes Lippenrot unterstreicht deinen Typ. Für die Wangen: Naturtöne in Apricot oder hellem Braun-Rosa geben dir Frische.
- Für die dunkle Beauty
  Für die Augen: Sonnige Shadows in Gold oder Orange sehen bei dunklen Mädchen klasse aus. Für die Lippen: Orange, Kupfer oder sanftes Grün zaubern dir Farbe ins Gesicht. Für die Wangen: Mit kupferbraunem Rouge hebst du deine Wangenpartie hervor.

Schminkpannen

Beauty-SOS! Erste Hilfe, wenn beim Schminken mal was schief läuft.

Lippen-Alarm

Oje! Der Konturenstift ist viel dunkler als die Lippenstiftfarbe? Hier kommt die Expresshilfe: Papiertaschentuch ein paarmal auf die Lippenkontur drücken (aber nicht wischen!), das nimmt einen Teil der Farbe ab. Anschließend mit dünnem Pinsel etwas transparentes Gloss auftragen. Danach die Lippen mit dem Lippenstift schminken.

Balkenbraue

Eigentlich wolltest du deine Augenbrauen nachziehen – und jetzt hast du zwei dicke Balken über den Augen? Kein Grund zum Verzweifeln: Einfach ein Brauenbürstchen in losen Puder tauchen und die Brauen damit durchbürsten, das softet die Farbe ab. Geht auch: Mit einem Wattestäbchen die Farbe vorsichtig abnehmen.

Verschmiertes Kajal

Ups, das Kajal setzt sich am Lid ab? Loser Puder repariert den Schaden. Zuerst nimmst du die Kajalschmierer mit einem Wattestäbchen ab. Dann puderst du das ganze Lid ab. Wenn es ganz fettfrei ist, ziehst du die Kajallinie erneut nach. Um ganz sicherzugehen, dass das Kajal toll in Form bleibt, kannst du es noch mit etwas dunkelgrauem oder dunkelbraunem Lidschattenpuder fixieren. Dazu mit einem Lidstrichpinsel etwas Lidschattenfarbe aufnehmen und vorsichtig über das Kajal streichen.

Hilfe, abgebrochener Lippenstift

Keine Panik, mach es den Schminkprofis nach. Die haben Pillendöschen zweckentfremdet: Die abgebrochene Lippenstiftfarbe wird einfach dort hineingedrückt. Daraus kannst du dann ganz einfach mit einem Lippenpinsel die Farbe entnehmen.

Tuscheklecks?

Und keinen Augen-Make-up-Entferner im Haus? Erst mal abwarten und Tee trinken. Ist der Mascara-Patzer ganz trocken, lässt er sich mit einem Kurzhaarpinsel (aus dem Malkasten) wegbürsten.

Verrutschte Kontur

Bist du beim Konturieren über das Ziel hinausgeschossen? Make-up hilft! Etwas Grundierung auf ein Wattestäbchen geben und damit den Lippenrand abdecken.
Jetzt kannst den Mund mit dem Konturenstift neu umrahmen.

Verlaufener Lidschatten

Mit transparentem Puder fängst du ihn wieder ein: Du verwischst die Farbe erst mit dem Finger. Dann stäubst du den Puder über. Danach pinselst du die Lidschattenfarbe neu auf und fixierst sie nach dem Auftragen nochmals mit dem Transparentpuder.

Party, Girls!

Lust, *discomäßig* zu glänzen? Die funkelnden Glitzer-Tricks machen dich zur Glamour-Queen.

Sternchenaugen

Unschlagbar für einen Augenaufschlag mit Flirtgarantie ist goldener Glitzerstaub auf den Lidern. Damit der Glitter auf der Haut haften bleibt, wird farbloses Lipgloss oder Cremelidschatten darunter aufgetragen.

Trick: Loser Puder unterm Auge fängt überschüssigen Glitzer auf. Beides lässt sich nach dem Schminken einfach mit dem Puderpinsel wegfegen. Wer will, kann auch noch seinen Brauen Glamour verleihen. Dafür eine Minimenge Haargel mit dem Glitzer mischen, mit einem Brauenbürstchen aufnehmen und auf den Härchen verteilen.
Der trickreiche Mix lässt deine Augenbrauen Funken sprühen und gibt den Härchen sogar noch Halt.

Sexy Wangenschimmer

Aus Cremerouge und Vaseline kannst du ihn dir im Nu zaubern. Du gibst einen Tupfer Vaseline zu einer erbsengroßen Menge Cremerouge, vermischst beides und trägst das Glanzrouge auf die Wangen auf. Wichtig: Verwische es sorgfältig, sodass keine Ränder entstehen.

Glitzergloss

Roséfarbenes Gloss gemixt mit goldenem Glitzer lässt deinen Mund unwiderstehlich glänzen. Achtung: Bei Glanzpigmenten fallen raue Lippen besonders auf. Darum vorher ein Lippenpeeling machen.
Perfekt wird der Glitzer-Look mit heller Grundierung und schwarzer Wimperntusche – schon bist du *ready to dance*!

... UND TSCHÜSS!

Wichtige Info für Beauty-Fans:
Nicht nur Lebensmittel, auch Schmink- und Kosmetikprodukte haben ein *Verfallsdatum*. Wenn du kein Haltbarkeitsdatum auf der Verpackung findest, sind Kosmetika rund drei Jahre haltbar. Sobald du die Dosen und Tiegel allerdings anbrichst, kippt der Inhalt schneller um.

Creme und **Make-up**
Geschlossen sind beide drei Jahre haltbar. Der angebrochene Tiegel muss weg, wenn sich ein Ölfilm bildet oder er anfängt, ranzig zu riechen.

Lippenstifte
Sie halten zwei bis drei Jahre. Wenn dein Lippenstift krümelig wird, schnell ausrangieren!

Mascara
Sie ist ca. sechs Monate haltbar. Fängt sie an zu bröseln, besorg dir eine neue.

Nagellack
Er hält ca. ein Jahr. Wird er zähflüssig, kannst du ihn mit Nagellackverdünner noch für ca. zwei Monate retten.

Sonnenschutzmittel
Sie halten nur eine Saison.

Grundsätzlich gilt: Lagere alle Beauty-Produkte immer möglichst kühl, dunkel und trocken. Dann hast du am längsten Spaß an Ihnen!

Kapitel 3

Richtig tolle Haare

Richtig tolle Haare

Pflege mit Köpfchen

Eine Supermähne ist kein Zufall. Du bekommst sie mit richtigem Waschen, Trocknen, Pflegen …

Schonend schäumen

Kleiner Trick vorweg: Bevor du deine Haare wäschst, solltest du sie kräftig durchbürsten. Das lockert Schmutz und Styling-Rückstände. Dann genügt schon ein kaffeelöffelgroßer Shampooklecks, um das Haar sauber zu bekommen. Du feuchtest die Haare an und trägst das Shampoo auf, nachdem du es in deinen Händen mit etwas Wasser aufgeschäumt hast. Bei täglicher Wäsche reicht ein Mal Shampoonieren. Ganz wichtig ist, dass du das Shampoo immer gut ausspülst, und zwar so lange, bis das Haar »quietscht«. Trick für Mutige: Ein kalter Wasserguss zum Schluss bringt kostenlosen Glanz.

Extratipp

Lange Haare nicht bis in die Spitzen shampoonieren. Beim Ausspülen fließt genügend Shampoo übers Haar, sodass auch die Spitzen gründlich gereinigt werden.

Haargenau shampoonieren

Glanzshampoo spendet gesundem wie stumpfem Haar Glanz und Geschmeidigkeit. Fettige Haare werden durch Anti-Fett-Shampoo wieder duftig.

Sprödes, strapaziertes Haar braucht cremiges *Pflegeshampoo.* *Lockenshampoo* bringt Sprungkraft in Wellen und Locken. Feine und dünne Haare freuen sich über *Volumenshampoo.* *2-in-1-Shampoo* ist Shampoo und Pflegespülung in einem. Da bekommt das Haar schon beim Waschen eine Extraportion Pflege mit. *Peelingshampoo* mit Mikrokörnchen wie gemahlenen Aprikosenkernen entfernt überschüssige Pflege- und Styling-Rückstände. Allzu viel Pflege- und Styling-Mittel können sich nämlich am Haar anlagern und es strähnig werden lassen.

Gekonnt pflegen

Spülungen und Kuren sind wie Urlaub fürs Haar. *Spülungen* (auch Conditioner genannt) machen das Haar weich, geschmeidig und glänzend. Sie werden nach der Wäsche ins Haar massiert und nach ein bis zwei Minuten wieder ausgespült. Der Pflegefilm hält dann bis zur nächsten Wäsche.
Kuren und *Packungen* sind wesentlich reichhaltiger in der Pflege und müssen mehrere Minuten einwirken.

Extratipp

Heiße Föhnluft, ständiges Bürsten und Umwelteinflüsse machen deiner Mähne Tag für Tag zu schaffen. Darum schick deine Haare einmal in der Woche »zur Kur«.

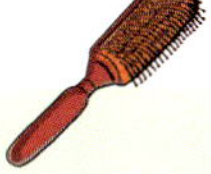

Was für was?

Wilde, strohige Haare lassen sich mit glättender **Glanzkur** bändigen. Gesundes Haar lässt so eine Kur strahlen.
Angegriffene Haare und Spitzen bekommt man mit einer **Repair-Kur**, die regenerierende Wirkstoffe ins Haarinnere schleust, in den Griff.
Hinter **Leave-in-Produkten** verbergen sich Spülungen oder Schnellkuren, die nicht ausgewaschen werden.

Schaumbalsam wird nach der Wäsche aufgetragen, ersetzt die Spülung und bleibt im Haar.
Schnellkuren, die im Haar bleiben, glätten übermütige Locken, befeuchten trockenes Haar und sorgen außerdem für Glanz.
Lockenspülungen und **-kuren** versprechen bessere Kämmbarkeit und Sprungkraft bei naturgelocktem Haar.
Fehlt es dem Haar an Glanz, helfen **Feuchtigkeitsspülungen**.
Reichhaltige **Pflegemasken** mit natürlichen Ölen wie Avocadoöl machen trockene und stark strapazierte Haare wieder weich.
Spitzenfluids kitten die porösen Enden und sind bei langen Haaren einmal pro Woche unverzichtbar.

Unter einem Handtuchturban und in der Badewanne wirken Haarkuren doppelt so gut!

Beauty-Frage

Fetten Haare durch tägliches Waschen schneller nach?
Das glauben viele, aber das Gegenteil ist der Fall. Beim Einmassieren des Shampoos quetscht man die Talgdrüsen auf der Kopfhaut jedes Mal ein bisschen aus. Es spricht also alles dafür, fettige Haare täglich zu waschen.

Sanft trocknen

Nasse Haare sind superempfindlich. Wenn du sie kräftig trocken rubbelst, riskierst du Spliss und gebrochene Spitzen. Besser ist es, wenn du das Wasser mit einem Handtuch aus den Haaren drückst. Wichtig ist auch, dass du die nassen Haare nicht auskämmst, das kann sie überdehnen und sie können abbrechen. Also: Den Wuschelkopf nach dem Waschen erst handtuchtrocknen, dann mit einem grobzinkigen Kamm entwirren und dich dabei vorsichtig von den Spitzen zum Haaransatz vorarbeiten. Für schonendes Trockenföhnen danach eine mittlere Temperaturstufe wählen und die Haare mit der Föhnluft nicht allzu sehr verwirbeln.

Extratipp

Generell gilt: Die Haare so oft wie möglich an der Luft trocknen lassen. Das ist gesünder und hält sie schön geschmeidig.

Schon gewusst?

Der Begriff Shampoo kommt aus dem Indischen, und zwar von »champo«, was so viel wie »massieren« oder »kneten« bedeutet. Ende des 19. Jahrhunderts, als es Mode wurde, den Kopf mit einer Mischung aus Wasser, Seife und Soda »massierend« zu reinigen, entstand das Wort Haarshampoo.

Profi-Tipp

Willst du wissen, ob dein Haar gesund ist, teste es wie die Friseure: Zupfe ein Haar aus und ziehe es in die Länge. Wenn es sich etwa um ein Fünftel in die Länge ziehen lässt, ohne zu zerreißen, ist es gesund. Reißt es vorher, fehlt deinen Haaren Feuchtigkeit – dann ist es Zeit für ein bisschen mehr Pflege!

Happy Hair

Deine Haare sind fettig, trocken, splissig oder schuppig? Mit diesen Tipps machst du sie wieder glücklich.

Fettig?

Der Grund ist eine Überfunktion der Talgdrüsen, die zu viel Fett (Sebum) produzieren. Das kann erblich sein, aber auch von Stress, Vitaminmangel, Hormonveränderung in der Pubertät oder häufigem Mützetragen kommen.

- *Vorsicht, heiß:* Neigst du zu fettigem Haar? Dann verzichte auf heißes Wasser beim Haarewaschen und möglichst oft auf den Föhn. Denn Hitze regt die Talgproduktion an und beschleunigt das Nachfetten der Haare.
- *Pflege light:* Nimm ein mildes Shampoo speziell für fettige Haare und gib Spülungen und Kuren nie auf den Ansatz, sondern verteile sie nur auf den Haarlängen. Verzichte auf allzu kräftige Bürstenstriche, vor allem am Haaransatz.

Extratipp

Zieh ein dünnes Baumwollsöckchen über deine Haarbürste und striegele damit dein Haar. Du wirst staunen, wie viel überschüssiges Fett im Söckchen hängen bleibt.

Trocken?

Entweder sind sie von Natur aus strohig und werden von der Kopfhaut nicht ausreichend mit Fett versorgt oder heiße Föhnluft, alkoholhaltige Styling-Produkte oder Färben bzw. Blondieren haben sie ausgetrocknet.

- *Mehr verwöhnen:* Wechsle zu einer Pflege für trockene Haare und trage nach jeder zweiten Wäsche eine Feuchtigkeitskur auf. Shampooniere grundsätzlich nur einmal und drücke das Wasser behutsam mit dem Handtuch aus. Bürste deine Haare so oft wie möglich und mache eine Kopfmassage, das regt die Talgproduktion der Kopfhaut an.
- *Besser schützen:* Trage häufig eine Kappe oder Mütze, die dein Haar vor Sonne, Wind und Kälte schützt. Wähle Styling-Produkte ohne Alkohol und lass deine Haare so oft wie möglich an der Luft trocknen.

Extratipp

Nimm mindestens zwei Liter Flüssigkeit täglich zu dir. Trinkst du weniger, kann auch das dein Haar austrocknen.

Splissig und spröde?

Deine Längen sind rau, deine Spitzen porös oder gespalten? Ursachen können Föhnhitze, falsche Kämme und Bürsten oder Aufstoßen auf den Schultern sein, wenn dein Haar die entsprechende Länge hat.

- *Vorbeugen:* Massiere vor dem Waschen etwas Haarkur in die Enden, das umgibt sie mit einem schützenden Film. Trage eine Föhnlotion auf, die die Haare vor schädigender Hitze schützt.

- *Reparieren:* Kure deine Haare regelmäßig mit Rizinusöl oder einem speziellen Spitzenfluid, wenn nötig über Nacht. Reibe die Enden tagsüber mit Styling-Wachs ein.

Extratipp

Eine Farbkur oder Tönung in deiner Haarfarbe überdeckt den Spliss und kittet die porösen Enden.

Schuppig?

Der Grund können Bakterien, Stress, ein geschwächtes Immunsystem, eine Hormonstörung während der Pubertät und eine zu trockene Kopfhaut sein.

- *Richtig kuren:* Eine Essigspülung (1 EL Obstessig auf 1 Liter warmes Wasser) nach dem Haarewaschen wirkt desinfizierend. Spezielle Kopfhaut-Kuren (Apotheke) lösen wie ein Peeling die Schuppen und beugen neuen vor. Außerdem die Haare lauwarm und mit einem milden Shampoo (Baby- oder Schuppenhampoo) reinigen.
- *Massieren:* Die Kopfhaut regelmäßig mit den Fingern massieren, das regt die Durchblutung und die Talgproduktion an.

Extratipp

Zweimal die Woche Teebaumöl auf die Kopfhaut träufeln, einmassieren und einwirken lassen. Es wirkt antiseptisch und reinigt die Kopfhaut.

Füllezauber

Andere haben eine super Mähne und du plagst dich mit Schnittlauchhaaren herum? Keine Panik! Diese Tricks zaubern dir tolles Volumen ins Haar.

Auf die Sprünge helfen

Dein Haar ist eher fein und liegt eng am Kopf an? Da hilft zuallererst eine spezielle *Volumenpflege* – von Shampoo bis Kur –, die das Haar duftig macht und nicht mit zu vielen Pflegestoffen belastet. Nach der Haarwäsche sorgt *Volumenschaum* für mehr Haarfülle. Du knetest ihn ins vorgetrocknete Haar.

❀❀❀ Spült man Haare zum Schluss mit Mineralwasser, werden sie griffiger und standfester. ❀❀❀

Füllig föhnen

Mehr Volumen erhältst du auch, wenn du deine Haare nach der Wäsche über Kopf föhnst und sie dabei – wie beim Waschen – mit den Fingern »massierst«. Mit einer Rundbürste kannst du dir zusätzlich Volumen ins Haar zaubern. Du drehst dafür Strähne für Strähne auf die Bürste. Dann föhnst du das Haar von oben an und ziehst die Bürste langsam heraus. Stecke zuerst das Deckhaar weg und arbeite dich von der Nackenpartie nach oben.
Willst du Fülle in die Ansätze bekommen? Dann ziehe das Haar mit einer Skelettbürste am Ansatz nach oben und föhne das Haar bei mittlerer Föhnstufe dagegen. Deine Haare sind kurz? Sie erhalten tolles Volumen, wenn du sie kreuz und quer gegen den Strich föhnst.

Volumen-Cut

Feines Haar? Als kinnlanger Bob und mit gerade geschnittenen Enden erscheint es fülliger. Du hast einen *Shortcut*? Dann frag deinen Friseur, ob er dir Stützhaare schneidet. Sie verleihen der Frisur Volumen. *Lange Haare?* Auf einer Länge lassen sie sich nur schwer auf Fülle stylen. Mit angestuftem Deckhaar und angeschrägten Seitenpartien tust du dich gleich viel leichter.

Fülle-Tricks

- Trickreich sprayen
  Ein platter Ansatz bekommt Stand, wenn du dein Haar über Kopf schüttelst und dann auf die Ansätze sprayst. Schlappe Mähnen erhalten einen raffinierten Push-up, wenn du kopfüber zwischen die einzelnen Strähnen sprayst.
- Raffiniert toupieren
  Mehr Standvermögen und Fülle kannst du dir auch durch Toupieren zau-

bern. Dafür jede Strähne in die Höhe halten und die Haare mit einem feinzinkigen Kamm gegen die Wuchsrichtung anschieben. Damit es besser hält, vorher und hinterher die Haare mit Haarspray einnebeln. Um zu verhindern, dass deine Haare wuschelig wegstehen, glättest du die Haaroberfläche vorsichtig mit einer großflächigen Bürste.

- Standhilfe
  Für Stand und Fülle im Pony wirkt dieser Trick Wunder: Vor dem Föhnen direkt am Haaransatz viele kleine Clipse entgegen der Wuchsrichtung einschieben. Dann die Haare wie gewohnt föhnen und sie auskühlen lassen, bevor du die Clipse wieder herausnimmst.
- Strähnchen
  Sonnensträhnchen sind auch eine prima Sache. Durch das Strähnchenmittel wird das Haar etwas aufgeraut, griffiger und stabiler. Dadurch können sich die Haare gegenseitig stützen und liegen nicht mehr so platt an. Gleichzeitig lockern die Strähnchen die Frisur etwas auf. Aber sei vorsichtig: Dein Haar soll nur Reflexe bekommen und keine Streifen!

Volumen-Sünden

Wachs kann – wie alle fetthaltigen Styling-Mittel – das Haar zu schwer machen. Dann fällt die Frisur zusammen. *Federschnitte* sind Gift für feine Haare. Der superfransige Style geht auf Kosten von Halt und Volumen. Ein *dichter Pony* lässt die Frisur oft platt aussehen, weil so am Oberkopf die nötige Fülle fehlt.

Beauty-Frage

Was stärkt dünne Flusen?

Gut sind regelmäßige Kopfhautmassagen mit zwei bis drei Tropfen Basilikumöl aus dem Reformhaus. Sie regen die Durchblutung und somit den Haarwuchs an.

Schon gewusst?

Gesundes Haar wächst täglich um etwa 0,3 Millimeter, also etwa 1 cm im Monat. Gebildet wird es in der Haarwurzel, die von einem System feiner Blutgefäße ernährt wird. Ein einziges Haar lässt sich mit etwa 100 Gramm Gewicht belasten. Das heißt, die Haare sind mit etwa 10 000 Kilogramm belastbar.

Glamourmähne

Alles klar mit deinem Haar? Oder könnte es doch ein bisschen mehr Glanz vertragen? Dann sind diese *glänzenden Helfer* ideal für dich.

Glanz bis in die Spitzen

Das Geheimnis glänzender Haare liegt in ihrer Oberfläche, einer Schicht aus feinen Schuppen wie bei einem Tannenzapfen. Ist sie fest geschlossen, kann sie das auftreffende Licht wunderbar spiegeln. Sind die Haare aber aufgeraut, können sie das Licht nicht reflektieren. Das Motto für Glanz muss darum heißen: Je glatter, desto besser.

Glänzend föhnen

Lässt du den Luftstrom deines Föhns *vom Haaransatz zur Spitze* fließen, dann schließt das die Schuppenschicht deiner Haare. Und alles, was die Haare glättet, sorgt ja bekanntlich für Schimmer. Wenn du die Strähnen zusätzlich noch über eine dicke Rundbürste oder mit einer Flachbürste glatt föhnst, kannst du den Effekt noch verstärken.

Glanzvoll bürsten

100 Bürstenstriche täglich. Sicher hast du schon mal von *Omas Beauty-Rezept* gehört. Durch das Bürsten wird das natürliche Fett der Kopfhaut schön gleichmäßig aufs ganze Haar verteilt und wirkt wie ein Glanzspüler. Achtung: Wer zu fettigem Haar neigt, sollte es bei maximal zweimal 20 Bürstenstrichen täglich belassen, weil sonst die Kopfhaut noch mehr Fett produziert.

Lack deinen Look!

In einer Stunde beginnt die Party und deinen Haaren fehlt der Glanz? Mit *Glanz-Haarspray* verwandelst du dein Haar im Nu zu einer glänzenden Fläche. Trick für feine Haare: In die Luft sprayen und aufs Haar rieseln lassen und anschließend noch mit einem dicken Make-up-Pinsel übers Haar streichen – dann nichts wie ab zur Fete!

Spiegelglätte gefällig?

Probier mal ein Glätteisen aus, es ist ein wahrer Glanzkünstler. Vorher die Haare waschen, trocken föhnen und glatt bürsten. Dann einzelne Strähnen abteilen und sie von den Ansätzen her durchs Eisen ziehen. Die Deckhaare zuerst wegstecken und beim Nackenhaar beginnen. Vorher Haarspray aufsprühen, das schützt das Haar vor der Hitze des Eisens. Zum Schluss noch mit Glanzspray besprühen, das lässt dich doppelt funkeln.

Extratipp

Eine Tönung in der Farbe deiner Haare ist ein echtes Glanzmäntelchen. Ihre Farbpigmente lagern sich im Haar an und kitten poröse Stellen. Auf raffinierte Weise bekommen so strapazierte, raue Haare wieder eine glatte, schimmernde Oberfläche.

Profi-Tipp

Sauer macht schimmernd! Wenn deine Haare stumpf aussehen, spüle sie mal mit Apfelessig oder verdünntem Zitronensaft. Die darin enthaltene Fruchtsäure schließt die Schuppenschicht der Haare, das lässt deine Mähne wieder glänzen.

Die neue Welle

Jetzt dreht sich alles um Locken.

Verwöhntour

Naturkrause Haare sind meistens ziemlich trocken. Wer seine Löckchen nicht pflegt, muss sich auch nicht über struppiges Kraushaar wundern. Feuchtigkeitsshampoo und eine Spülung für trockene Haare nach jeder Wäsche halten die Locken springlebendig. Eine Kur für lockiges Haar mindestens einmal pro Woche ist ebenso Pflicht. Naturlocken wirken oft stumpf, weil ihre Korkenzieherstruktur das Licht nicht spiegeln kann. Mit ölhaltigen Styling-Mitteln wie Wachs zähmst du deine Krause und lässt sie glänzen. Verreibe das Produkt erst zwischen den Fingern, streiche damit die Strähne glatt und forme, wenn nötig, die Locke anschließend wieder etwas nach. Gibst du zuletzt noch Haarlack über die Frisur, kann deinen Locken selbst Regenwetter nichts anhaben.

Powercurls

Mit einem Föhn mit *Diffusoraufsatz* kannst du alles aus deinen Naturlocken herausholen. Nach dem Waschen entwirrst du zuerst das Haar mit einem grobzinkigen Kamm, dann knetest du Lockenschaum hinein und hältst den Diffusor von unten gegen die Haare. Während des Föhnens knautschst du das Haar. Wichtig: zum Schluss die Haare nicht mehr kämmen oder bürsten, sondern nur noch mit den Fingern in Form zupfen.

Afrokrause? Hol dir Haarprodukte aus dem Afro- oder Ethnoshop. Diese Läden gibt es inzwischen in jeder größeren Stadt.

Extratipp

Ein *Stufenschnitt* lässt die gelockten Strähnen schöner kringeln und der Ansatz hebt sich, weil der Schnitt dem Haar die Schwere nimmt.

Glatte Träume

So ist es nun mal, wer eine Naturkrause hat, träumt von glatten Haaren. Mit Rundbürste und Glätteisen wird dein Traum Wirklichkeit – auch wenn es nicht ewig hält. Du föhnst die handtuchtrockenen Haare zuerst über eine dicke Rundbürste glatt. Dann glättest du Strähne für Strähne noch mit dem heißen Styler. Du solltest beim Nacken beginnen und dich hocharbeiten.

Voll verlockend für einen Tag

So stylen sich glatthaarige Girls eine tolle Lockenpracht …

Sexy Kringel

Dafür gibst du Schaumfestiger ins vorgetrocknete Haar und drehst es strähnchenweise auf *Papilloten*. Nach dem Trocknen die Haare ausrollen, vorsichtig mit den Fingern auflösen und mit Haarspray fixieren. Je dünner die Papilloten sind, umso lockiger wird dein Haar. Tipp: Statt auf Papilloten kannst du deine Haare auch auf zusammengerollte Papiertaschentücher wickeln.

Trendy Welle

Mit dem Lockenstab kannst du sie dir zaubern. Je nach Lust und Laune rollst du dicke oder dünne Strähnen auf. Dann den Stab rausziehen und die fertige Locke festclipsen, bis die letzte Strähne gekringelt ist. Keinen Lockenstab zur Hand? Dann dreh dein Haar auf Lockenwickler. Vorher Haarschaum hineingeben, dann trocken föhnen, auskühlen lassen und ausrollen. Trick: Die Haare nur am Oberkopf leicht kämmen oder bürsten, die gewellten Längen mit den Fingern zurechtzupfen.

Zickzack-Locken

Wer wenig Geduld hat, nimmt ein *Kreppeisen*. Das ist die schnellste Art, die Haare wellig zu formen. Der Zickzack-Effekt hält bis zur nächsten Wäsche. Vor dem Kreppen muss das Haar ganz trocken sein, sonst hält die Frisur nicht. Föhnspray schützt das Haar vor der Stylerhitze.

Engelslöckchen

Pfeifenreiniger sorgen für himmlische Krissellocken. Zuerst Stylingschaum in die trockenen Haare kneten. Dann den Pfeifenreiniger im oberen Drittel der Strähne ansetzen, die Strähne bis zu den Spitzen darumwickeln und anschließend die Strähne bis zum Ansatz aufrollen. Die Enden des Pfeifenreinigers umbiegen, damit die Haare nicht herausrutschen. Haare trocknen lassen. Die Reiniger vorsichtig rausziehen und die Löckchen mit allen zehn Fingern über Kopf aufschütteln. Fertig.

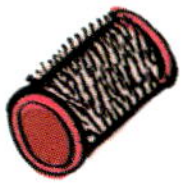

Extratipp

Der einfachste Weg zu welligen Haaren über Nacht: Haare anfeuchten, mit Festiger besprühen, *zu Zöpfen flechten* und über Nacht trocknen lassen. Je kleiner die Zöpfe, desto kringeliger sind die Wellen am nächsten Tag.

Schon gewusst?

Unsere Ururomas bügelten unliebsame Krause auf dem Bügelbrett glatt. Da ist man doch echt platt, oder?

Kamm, Bürste & Co.

Das richtige Handwerkszeug und was du darüber wissen musst.

Bürstenvielfalt

Haare mögen *Holzbürsten mit Naturborsten*, weil sie besonders sanft mit ihnen umgehen. Je feiner die Haare, desto enger sollten die Borsten angeordnet sein. Mit einer *Drahtbürste* kriegst du jeden Knoten raus. Wichtig: Ihre Borsten müssen schonende Noppen besitzen. Der extrabreite *Paddle-Brush* ist ideal zum Kämmen und Glattföhnen von langen Haaren. Für *Föhnbürsten* gilt: Je größer sie sind, umso mehr Volumen. *Minirundbürsten* sind perfekt für kurze Haare, den Pony und kleine Locken. *Skelettbürsten* sind ideal zum Föhnen der Ansätze. Durch ihre Öffnungen gelangt viel Föhnluft ans Haar, das sorgt schnell für tollen Stand.

Kleine Kammkunde

Grundsätzlich: Die Zinken deines Kammes sollten abgerundet sein und keine Pressnähte besitzen, sonst gibt es »Kratzer« im Haar. Wenn Zinken abbrechen, die Kämme lieber wegwerfen. Tolle Haarschoner sind echte *Horn-* oder *Holzkämme*. Zum Kämmen von feuchten Haaren und zum Entwirren von Knoten ist ein *grobzinkiger Kamm* am besten. *Stielkämme* sind ideal, um Partien abzuteilen, und zum Toupieren. *Afrokämme* mit extrabreit angeordneten Zinken sind optimal für stark gelockte Haare.

Viel Wind ums Haar

Der Aufsatz ist alles: Für Locken brauchst du einen Föhn mit *Diffusoraufsatz*. Für Shortcuts und glatte Haare ist ein Haartrockner mit einer *schmalen Düse* optimal, der zielgenaues Stylen ermöglicht. Wem Fülle fehlt, der wählt einen Föhn mit einem *Styling-Aufsatz* für Volumen.

Heisse Eisen

Zauberstäbe wie *Krepp-, Glätteisen* oder *Lockenstäbe* kriegen alles hin. Weil aber zu viel Hitze dem Haar schadet, lohnt es sich, in ein gutes Werkzeug zu investieren. Darauf achten, dass die Styler schützende Beschichtungen wie Keramik besitzen.

Extratipp

Ganz wichtig: Reinige dein Handwerkszeug regelmäßig mit Shampoo und warmem Wasser. Auf Bürsten, Kämme und Wickler setzen sich nämlich Rückstände von Pflege- oder Styling-Produkten ab, die dein Haar schneller nachfetten lassen.

Bio, logisch

Diese Leckerbissen aus der Natur werden deinem Haar schmecken ...

Erste Sahne für stumpfes Haar

Mit der sahnigen Beauty-Kur geht's deinen Haaren wieder glänzend. Du stellst den Beauty-Mix aus 3 EL süßer Sahne, 1 TL Weizenkeimöl und 1 TL Zitronensaft her. Alle Zutaten vermischen und in die frisch gewaschenen Haare massieren. Nach 15 Minuten mit warmem Wasser wieder ausspülen.

Kokosshampoo für störrische Strähnen

Mhmmm, lecker! Kokosöl aus dem Bioladen macht dein Shampoo zum Duftstar und zähmt nebenbei noch widerspenstige Strähnen. Je nach Haarlänge rührst du 1/4 bis 1 TL Kokosöl zu deinem Shampoo. Dann schäumst du deine Haare damit ein und lässt den Beauty-Mix fünf Minuten einwirken.

Öl-Packung für kaputte Spitzen

Spliss? Dann verwöhne deine angegriffenen Enden doch mal mit einer *Ei-Öl-Packung*. Am besten wirkt die Kur, wenn du sie über Nacht einziehen lässt (Handtuch aufs Kopfkissen legen!): 2 Eigelb mit kalt gepresstem Weizenkeim- oder Olivenöl mischen. Leicht erwärmen und dann in die Haarspitzen einmassieren.

Avocado-Kur für Geschmeidigkeit

Die grüne Frucht ist ein super *Weichmacher.* Sie pflegt dein Haar mit Ölen plus Feuchtigkeit: Du pürierst das Fleisch einer reifen Avocado mit 2 Eigelb und 1 TL Speiseöl. Die Maske 15 Minuten im Haar wirken lassen und dann mit mildem Shampoo ausspülen.

Fett weg

Schnell nachfettende Haare? Auch dagegen ist ein Kraut gewachsen: *Pfefferminze!* Koch dir einfach einen Tee, lass ihn abkühlen und verwende ihn nach dem Haarewaschen als Spülung.

Kraftpaket für feine Haare

Eiweiß gibt deinen Haaren Stand und Eigelb die nötige Pflege. Alles, was du brauchst, ist 1 *frisches Ei.* Das Eiweiß vom Eigelb trennen. Erst das Eiweiß steif schlagen, dann mit dem Eigelb mischen und für fünf Minuten auftragen. Wichtig: Die Kur nicht zu heiß ausspülen, sonst stockt das Ei.

Alles Banane für trockene Haare

Bananen versorgen deine Haare mit Vitaminen und viel Feuchtigkeit. Das macht trockene Haare toll geschmeidig. Du brauchst 1 reife Banane und 1/2 Becher süße Sahne. Die Banane mit der Gabel zerdrücken und unter die Sahne mischen. Auftragen und nach 20 Minuten wieder ausspülen.

Tipp: Erst das Shampoo pur ins Haar massieren, dann Wasser zugeben und die Maske abwaschen.

Hair-Food

Essen für die Frisur? Ja, denn mit den richtigen Nährstoffen kannst du viel für deine Mähne tun: Jeden Morgen ein Müsli zum Frühstück, das mögen auch deine Haare. Vollkornflocken mit ihrem *Eisen* bringen sie auf Vordermann. Exotische Früchte wie Ananas und Papaya helfen schlaffem Haar auf die Sprünge. Sie stecken voller *Magnesium, Kalium, Eisen* und *Zink.* Diese vier Beauty-Bausteine sind besonders wichtig für schönes und volles Haar. Walnüsse lassen deine Haare schön wachsen. Sie enthalten kräftigende *Biotine* und *Eiweiße*, die deine Mähne von innen pflegen. Mit Walnüssen lassen sich Joghurt, frischer Quark und Feldsalat verfeinern.

Deine Haare haben keinen Glanz? Sie brauchen Eier-Power! Du solltest einen Monat lang vier Eier pro Woche *(Vitamin B 12)* essen. Keine Angst, die Kur kann deinem Cholesterinspiegel nichts anhaben, wenn du dich sonst ausgewogen ernährst.

Extratipp

Mango-Cocktail. Dieser exotische Mix ist ein Augenschmaus und ein wahres Schönheitselixier für gesundes, glänzendes Haar. Es ist prall gefüllt mit Proteinen, Lipiden und Vitaminen. Dafür 1 Mango, 2 Bananen, 1 Kiwi und 2 Äpfel schälen, danach mit dem Rührstab mixen oder durch den Entsafter jagen. Sofort trinken, damit die Wirkung nicht verpufft.

Styling-Stars

Flechtwerk, Steckkunst und hippe Fingerfrisur – hier sind sechs coole Hair-Styles für deinen großen Fetenauftritt ...

Zopfmuster

Einen langen, glatten Zopf machen vier *Glitzerhaargummis* zum absoluten Hingucker. Du gibst sie in gleichmäßigen Abständen ins Haar – fertig ist der Disco-Look!

Hoch hinaus

Ein *hoher Pferdeschwanz* kann sehr glamourös aussehen. Vor allem, wenn du den Ansatz des Zopfes noch stark antoupierst, das Haargummi mit einer Strähne deines Haares umwickelst und noch eine Strassspange in die Haare klemmst.

Extra Lockendreh

Die super *Ausgehfrisur für schulterlange Locken* gelingt auch Anfängern: Die Haare am Hinterkopf zusammenfassen, locker um die eigene Achse drehen und feststecken. Die gelockten Spitzen herauszupfen und frech drapieren. Dann noch eine überlange Ponysträhne ins Gesicht fallen lassen.

Genial verflochten

Der edle Look macht dich zur Party-Prinzessin: Einen Mittelscheitel ziehen, rechts und links davon mit den Stirnhaaren einen *französischen Zopf* eng am Kopf entlang in den Nacken flechten. Dazu immer wieder eine Strähne vom Deckhaar mit einflechten. Das letzte Stück normal weiterflechten und dann zu einem Dutt zusammendrehen. Im Nacken mit Haarnadeln feststecken.

Formvoll gelegt

Eine *Geltolle* macht deine Haare discofein: Viel Gel im angefeuchteten Haar verteilen, dann alle Haare straff nach hinten kämmen. Das obere Deckhaar mit der Handkante nach vorn schieben und zur Tolle modellieren.

Kurzes Haar hoch

So wird dein Shortcut zur *schicken Partyfrisur:* Zuerst stylst du die Ponypartie mit einem Seitenscheitel und kämmst sie mit Gel über die Stirn. Dann toupierst du die Hinterkopfhaare gut an und fixierst sie mit Spray. Jetzt wird das Nackenhaar von links und rechts schräg nach oben gekämmt und mit Klemmen in deiner Haarfarbe befestigt.

Extratipp

Pferdeschwanz-Trick: Wenn man beim Frisieren das *Kinn anhebt,* bekommt man die Haare am Oberkopf richtig schön glatt.

Hair-SOS

Durchhänger? So bekommen deine Haare an Bad Hair Days die Kurve ...

60-Sekunden-Frisur

Deine Haare wollen heute überhaupt nicht sitzen. Die *superschnelle Duttfrisur* löst das Problem: Du stylst einen Seitenscheitel, nimmst das Haar im Nacken zusammen und ziehst es zu einer Seite. Dann kordelst du die Zopfhaare so lange, bis sie sich von selbst zur Schnecke eindrehen. Jetzt steckst du die Haare zum Knoten fest.

Push-up für schlaffe Haare

Deine Haare haben schon vor dem Aufstehen schlappgemacht? Pack sie bei den Ansätzen! Hebe Strähne für Strähne hoch und sprühe gezielt am Ansatz stark festigendes Haarspray auf. Dann die Haare mit vorgebeugtem Kopf kurz trocknen lassen.

Fülle am Hinterkopf

Echt nervig, wenn die Haare morgens am Hinterkopf flach anliegen. Hier kommt die Rettung: Das Deckhaar hinten auf einen Riesenwickler drehen. Haarspray aufsprühen, den Wickler kurz anföhnen und nach zehn Minuten ausrollen.

Pudern statt Waschen

Fettige Haare und keine Zeit zum Haarewaschen? Etwas Körperpuder oder Trockenspray auf den Haaransatz stäuben und dann die Haare gründlich ausbürsten. Gleicher Effekt: Mit Puderpapieren oder Wattepads mit alkoholhaltigem Gesichtswasser über die Ansätze streichen.

Flieger-Alarm

Deine Haare sind statisch aufgeladen und fliegen: Einfach etwas Tagescreme oder Bodylotion zwischen den Händen verreiben und damit leicht über die

Haare streichen. Gleicher Effekt: Haarspray auf die Bürste sprühen und damit durchs Haar streifen.

Lasche Strähnen

Deine Haare sind mal wieder total verschlafen und haben überhaupt kein Volumen?
Abrakadabra, Toupieren mit einem feinzinkigen Kamm bringt im Nu Fülle.

Störrische Krause

Deine Krissellocken lassen sich heute überhaupt nicht bändigen? Der *Mexiko-Trick* wirkt Wunder! Du feuchtest deine Haare erst kräftig an. Dann teilst du am Oberkopf eine dicke Strähne ab und drehst sie auf einen dicken Jumbo-Wickler. Die übrigen Haare kämmst du ganz streng rund um den Kopf, befestigst sie mit Haarklemmen und lässt das Ganze trocknen. Dann die Haare auflösen und mit den Fingern über Kopf aufschütteln.

Schnee von gestern

Du hast plötzlich Schuppen? Kein Problem. Kämme deine Haare mit einem Toupierkamm. In den feinen Zinken verfangen sich die »Schneeflöckchen«.

Schon gewusst?

In der *chinesischen Medizin* sind Haare dem Element der Emotionen und Ängste zugeordnet. Kraftloses, schlapp herabhängendes Haar ist somit ein Zeichen, dass man auch sonst einen Durchhänger hat.

Beauty-Frage

Haarausfall – ja oder nein?

Am besten zählt man erst einmal, wie viele Haare man täglich verliert. Bis zu 100 Haare sind nämlich ganz normal. Nach einer Infektionskrankheit können es auch mal mehr sein. Erst wenn man über einen längeren Zeitraum hinweg täglich viel mehr als 100 Haare verliert, sollte man zum Hautarzt gehen. Er kann die Ursache anhand einer Haarwurzeluntersuchung herausfinden und den Haarausfall gezielt behandeln. Bei jedem ausgefallenen Haar beginnt die Haarwurzel automatisch wieder mit der Neuproduktion.

Schönfärberei

Lust auf eine neue Farbe oder ein paar peppige Akzente im Haar? Hier gibt es die besten Tipps fürs *Tönen, Färben* und *Strähnen* …

Farbe auf Zeit

Deine Haare könnten einen frecheren Anstrich gebrauchen? Wie wär's mit einer auswaschbaren Tönung? Da kannst du ruhig auch mal mehr wagen, denn der Color-Kick ist nach spätestens vier Wochen wieder draußen.

Die Farbpigmente docken sich nur am Haar an und waschen sich nach und nach aus. Folglich bekommt man auch nie einen unschönen Ansatz.

So geht Tönen

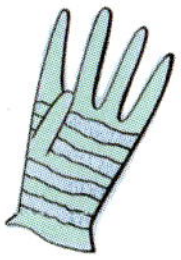

Damit du keine verfärbten Nägel bekommst, schlüpf in die beiliegenden Plastikhandschuhe. Jetzt kannst du schön großzügig die Farbe verteilen. Am besten ziehst du mit einem Kamm immer wieder einen neuen Scheitel und trägst die Tönung am Haaransatz auf. Dann streichst du die Farbe bis zu den Spitzen aus. Beim Auftragen bei den unteren Haaren beginnen. Die Deckhaare sind meist von der Sonne gebleicht und nehmen die Farbe stärker an. Zum Schluss die Haare einmal ganz durchmassieren. Nach ca. 15 Minuten spülst du die Tönung gründlich aus.
Gefällt dir das Ergebnis nicht, hilft ein einfacher Trick: Löse eine Aspirintablette in lauwarmem Wasser auf und massiere die Flüssigkeit ins feuchte Haar. Beim Ausspülen nehmen die Wirkstoffe die unerwünschten Farbpartikel mit. Manche Tönungen liefern auch gleich einen Remover mit. Verblasste Tönung kannst du mit einem Farbshampoo auffrischen.

Tönungs-Facts

Blond wirst du mit einer Tönung nicht – da musst du zu einer Blondierung greifen. Du kannst aber mit einer Tönung in naturblondes Haar goldene Effekte setzen.
Dunkler tönen kannst du dir dein Haar problemlos drei bis vier Nuancen. So kannst du deine Naturhaarfarbe intensivieren.
Rote Tönungen verleihen dunklem Haar einen warmen Rotschimmer. Vorsicht: Blondes Haar nimmt den Rotton stärker an oder kann orangefarben werden.
Softtönungen halten nur sechs bis acht Wäschen. Hier kannst du nach Lust und Laune neue Töne ausprobieren.
Tönungsfestiger sorgen nach dem Waschen für Farbstoffnachschub und geben deinen Haaren den nötigen Halt.
Intensivtönungen sind fast schon eine Coloration. Hier hält die Farbe bis zu 24 Wäschen und oft länger. Manchmal muss man die Farbe sogar rauswachsen lassen.

Farbe auf Dauer

Wer sich einen komplett neuen Farblook wünscht, muss zur *Coloration* greifen. Beim Färben wird dem Haar die natürliche Farbe entzogen und durch eine neue ersetzt. Wer die Haarfarbe wechseln will, muss aber bedenken: Im Gegensatz zur Tönung wäscht sich die Farbe nicht raus, sie muss herauswachsen. Und spätestens alle zwei Monate muss nachgefärbt werden, um den nachgewachsenen Ansatz zu verdecken. Colorationen erkennst du daran, dass in der Packung zwei Produkte sind, die du zusammenmischen musst.

So geht Färben

Trage die Farbe nach der *Gebrauchsanweisung* in der Packung auf und halte dich genau an die empfohlene Einwirkzeit. Vergiss nicht, vorher deine Kleidung mit einem Handtuch oder Umhang zu schützen, denn die Haarfarbe färbt nicht nur deinen Schopf, sondern auch Textilien.

Verteile knapp unterm Haaransatz eine Fettcreme, um die Haut vor Farbspritzern zu schützen.

Gleichmäßiges Verteilen gelingt besser, wenn du nach dem Auftragen einen breitzinkigen Kamm durch die Strähnen ziehst. Ist die Farbe angetrocknet, das Haar zwischendurch mit Wasser besprühen, damit sich die Farbmoleküle optimal entfalten können. Mit dem beiliegenden Shampoo bekommen deine Haare zum Schluss noch eine Extraportion Pflege.

Abstimmen, was passt

Vorsicht, nicht jede Coloration steht dir. Damit die neue Farbe gut aussieht, muss sie zu deinem Teint passen. Wer eine rosige (kühle) Haut hat, ist mit kühlen Tönen wie Aschblond, Haselnuss oder Blauschwarz gut beraten. Olivfarbene (warme) Haut verträgt sich gut mit Goldblond, Mahagoni oder Kirschakzenten. Bei heller, sommersprossiger Haut sehen rote und goldene Reflexe im Haar toll aus.

Extratipp

Willst du wissen, welcher Hauttyp du bist? Mach den Test: Halte jeweils einen silbernen und einen goldenen Alustreifen ans Gesicht. Welcher passt besser? Ist es der silberne, dann bist du eher ein »kühler Typ«. Ist es der goldene, hast du einen warmen Hautton.

Bitte blond

Mit einer *Blondierung* schaffst du einen Wechsel von Dunkel auf Hell. Ohne Chemie geht das natürlich nicht: Ammoniak weicht das Haar auf, dann löst Wasserstoffperoxid die natürliche Farbe auf. Dadurch wird das Haar eigentlich farblos. Willst du ganz dunkle Haare erblonden lassen, musst du zu einem Intensivaufheller greifen, er kann deine Haare bis zu sieben Stufen heller machen. Soll dein Haar nur wie von der Sonne aufgehellt wirken, besprühe die Deckhaare mit einem Aufhellspray.

Glanzlichter

Wenn du Lust auf ein paar fröhliche Akzente im Haar hast, sind *Strähnchen* ideal. Trägst du die Strähnchenfarbe mit einem Kamm auf, erhältst du schöne »Sonnensträhnchen« im Deckhaar. Benutzt du die beiliegende Strähnchenhaube, gelingen dir feine Strähnchen im ganzen Haar.

Retten, was zu retten ist

- Dein Haar ist Pumuckel-orange geworden? Mit einer aschblonden Tönung kannst du das etwas ausgleichen.
- Im Ton vergriffen und deine Haare sind zu dunkel geworden? Dann wasche sie mit einem Peelingshampoo oder lasse über Nacht noch eine Haarkur einwirken. Beim Waschen am anderen Morgen fallen mit der Kur einige Farbpigmente aus dem Haar.
- Bist du heller geworden, als du wolltest? Dann kannst du mit einer etwas dunkleren Coloration nachhelfen. Aber Vorsicht: Zweimal Färben innerhalb kurzer Zeit kann das Haar ziemlich strapazieren.

Profi-Tipp

Bye-bye, Färbung! Du willst deinen Naturton wieder und das gefärbte Haar herauswachsen lassen? Mach dir am Ansatz ein paar Strähnchen, die den Übergang zwischen Naturhaarfarbe und Färbung ausgleichen. Dann fällt der Nachwuchs nicht ganz so stark auf.

Farbpflege bringt's

Mit jedem Waschen geht ein bisschen von der Leuchtkraft deiner neuen Haarfarbe verloren. Den Farbverlust kannst du mit Farbshampoos, -spülungen und -kuren bremsen. Die Pflege enthält zwar nur eine Miniportion Farbpigmente, dennoch kann sie die Färbung wieder etwas pushen.

Extratipp

Bio-Kick

Du magst keine Chemie? Mit einer Spülung aus einer Tasse Kamillentee und einem Spritzer Zitrone kannst du blonde Haare etwas aufhellen.

Rotes Henna belebt deinen Rotschopf. Dafür mischst du eine Tasse rotes Hennapulver mit 1 EL Pflanzenöl und heißem Wasser, dann verteilst du den Brei für 20 Minuten im Haar.

Lust auf satteres Braun? Walnusstönung zaubert ihn dir. Du zerkleinerst 3 Handvoll Walnussschalen in der Kaffeemühle, fügst je einen Spritzer Obstessig, Pflanzenöl und nach und nach Wasser hinzu, bis eine streichfähige Masse entsteht. Lass den Mix für 20 Minuten auf deinen Haaren einwirken.

Schon gewusst?

Blonde sterben aus! Im Jahr 2098 soll in Skandinavien die letzte Blondine der Welt geboren werden, behaupten jedenfalls die Forscher. Der Grund: Blondgene sind rezessiv, bei einem brünetten und einem blonden Elternteil wird der Nachwuchs in der Regel brünett. Tragisch, aber kein Grund zur Panik, denn Blond ist machbar!

Beauty-Frage

Wie färben, dass die Haare noch natürlich wirken? Wenn die neue Haarfarbe nicht zu künstlich aussehen soll, darf sie die Haare nur ein bis zwei Nuancen aufhellen oder dunkler machen.

Neuer Cut gefällig?

Hier erfährst du alles übers Selberschneiden und den Friseurbesuch ...

Do-it-yourself

Wusstest du, dass du einfache Haarschnitte auch selbst machen kannst? Was du brauchst, ist ein Tuch für die Schultern, Kamm, Spiegel – am besten zwei, damit du dich auch von hinten sehen kannst – und eine *Haarschneideschere*. Normale Haushaltscheren sind zu stumpf. Frag deine Freundin, ob sie dir beim Haareschneiden hilft. Dann geht auch das Schneiden hinten gleich viel leichter.

Ponyschnitt

Grundsätzlich gilt: *Pony nie nass schneiden*. Beim Trocknen ziehen sich die Haare zusammen und der Pony ist hinterher zu kurz. Halte die Ponysträhne mit den Fingern fest und setze die Schere waagrecht an. Schnitt für Schnitt prüfen, ob du noch in einer geraden Linie schneidest. Um die harte Schnittkante abzusoften, hältst du die Schere anschließend senkrecht und schneidest nun mit der Spitze die Haarenden leicht zippelig.

Spitzenschnitt

Um deine Haare um ein paar Zentimeter zu kürzen, brauchst du Klebeband und Schere. So, nun ist auch deine Freundin dran. Sie kämmt deine Haare vorsichtig auf deinem Rücken glatt und fixiert sie mit einem Textilklebeband auf deiner Haut. Mit waagerecht gehaltener Schere bringt sie dein Haar entlang des Bandes auf die richtige Länge.
Am besten setzt du dich dabei rittlings auf einen Stuhl und stützt dich auf der Lehne ab, denn du solltest dich beim »Cutten« nicht bewegen.

Splissschnitt

Mit dem *Kordeldreh* kannst du die splissigen Spitzen leicht aufspüren und wegschneiden. Dafür teilst du immer wieder neue dünne Strähnen ab, drehst sie in sich und kappst alle abstehenden Härchen mit der Schere.

Lockenschnitt

Naturlocken selber kürzen? Mit dem *Zopftrick* bekommst du das lässig hin: Du flichtst deine Haare zu zwei Zöpfen und kürzt sie dann in der gewünschten Länge. Anders als bei glatten Haaren kann man nämlich bei gelocktem Haar keine exakte Schnittkante sehen.

Stufenschnitt

Gestuftes Haar erwünscht? Der *Trickcut* macht's möglich: Du bürstest deine Haare zu einem straffen, hohen Pferdeschwanz und sorgst mit einem Haargummi für festen Halt. Nun kürzt du die Enden mit einer scharfen Haarschneideschere waagerecht und in beliebiger Höhe. Danach cuttest du die Enden noch mit senkrecht gehaltener Schere leicht zippelig. Wenn du den Pferdeschwanz jetzt öffnest, sind deine Haare gekonnt durchgestuft.

Komm, wir gehen zum Friseur!

Damit es auch wirklich ein Traum-Cut wird, kommt hier eine kleine **Checkliste** für den Friseurbesuch:

Salon testen: Die Einrichtung und der Look des Teams verraten dir, wie modern und professionell die Friseure arbeiten.
Fotos mitnehmen: Kein Friseur hat was dagegen, wenn du Bilder aus Zeitschriften mitbringst, um zu zeigen, was dir gefällt.
Beratung for free: Ein Beratungsgespräch ist bei guten Friseuren kostenlos.
Tipps für zu Hause: Bestehe darauf, dass dir der Profi das Styling deiner neuen Frisur Schritt für Schritt erklärt. Damit du es auch alleine hinkriegst.
Stopp sagen. Lieber gleich reklamieren, wenn dir etwas nicht gefällt, als todunglücklich nach Hause gehen.

Extratipp

Für einen tollen Haarschnitt muss man nicht immer viel Geld ausgeben. Auch Nobel-Salons bieten preiswertere Modellschnitte von Jungfriseuren an. Einfach anrufen und nachfragen!

Frisur nach Mass

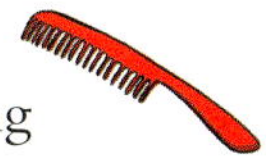

Willst du wissen, was dir steht? Diese Schnitte von kurz bis lang passen zu deiner Gesichtsform:

- Rundes Gesicht
  Generell gilt: Stufen lassen ein volles Gesicht länger wirken.
  Kurze Haare: Ein Shortcut mit einem kurzen Pony streckt dein Gesicht.
  Mittellange Haare: Die Frisur sollte bis unters Kinn reichen und an den Seiten nicht zu viel Volumen besitzen, sonst sieht dein Gesicht noch runder aus.
  Lange Haare: Du solltest deine Mähne besser glatt tragen und sie mit einem Seitenscheitel stylen.
- Langes, schmales Gesicht
  Generell gilt: Haare über die Stirn frisieren, das wirkt verkürzend.
  Kurze Haare: Ein Shortbob mit Pony ist vorteilhaft für dich.
  Mittellange Haare: Ein angestufter Pagenkopf mit fransigem Seitenscheitel lässt dein Gesicht raffiniert breiter erscheinen.
  Lange Haare: Style sie mit Locken oder viel Volumen, damit dein Gesicht nicht noch länger aussieht.
- Eckiges Gesicht
  Generell gilt: Stufen und Wellen lassen kantige Gesichtsformen weicher wirken.
  Kurze Haare: Gut für dich sind Shortcuts mit längeren und kürzeren Strähnen zum Durchwuscheln.
  Mittellange Haare: Sie sollten bis unters Kinn reichen und eine fedrige Kontur besitzen.
  Lange Haare: Toll ist eine gewellte Mähne, die dein markantes Gesicht weich umspielt.

Schon gewusst?

Jeder Mensch hat etwa 100 000 Haare auf dem Kopf. Das Haar besteht im Wesentlichen aus drei Schichten: Erstens die das Haar umgebende *Schuppenschicht* (Cuticula). Sie ist wie ein Tannenzapfen aufgebaut und schützt das Haarinnere. Darunter liegt der *Faserstamm* (Cortex). Er macht den überwiegenden Teil des Haares aus, ist für seine Elastizität und Reißfestigkeit verantwortlich. In ihm sind auch die Haarpigmente eingebettet. Ganz im Innern des Haares ist die *Markschicht*, auch Medulla genannt.

Beauty-Frage

Dickeres Haar durch Schneiden?
Leider nein. Wie kräftig Haare sind, ist *genetisch festgelegt* und kann durch häufiges Schneiden nicht beeinflusst werden. Allerdings erscheint einem das Haar nach einem Schnitt oft dicker, weil die dünnen fransigen Spitzen weg sind.

Echt unecht

Schummeln ist erlaubt! Hier findest du alles über Extensions und andere falsche Strähnchen ...

Langes Haar in einem Tag

Mit Extensions bleibt dieser Wunsch kein Traum. Der Friseur verknüpft oder verbindet lange *Echthaarsträhnchen* mit deinen eigenen Haaren. Sie sind genau auf deine Haarstruktur und Farbe abgestimmt, aber eben viel länger. Du pflegst die neue lange Haarpracht wie deine eigenen Haare – mit einem sanften Shampoo und einer regelmäßigen Glanzkur. Zum Frisieren brauchst du eine Spezialbürste.
Wunder sind leider nicht umsonst. Für eine lange, volle Mähne muss man ganz schön tief in die Tasche greifen. Die Kosten für Extensions liegen bei 300 Euro und mehr. Nach ca. sechs bis acht Monaten müssen die falschen Strähnen entfernt und neue fixiert werden.

Falscher Schopf

Wenn du dir lange Haare mogeln willst, geht das natürlich auch mit einem Haarteil. Ein Fake-Zopf ist gar nicht so teuer. Du bindest erst deine eigenen Haare im Nacken zum Pferdeschwanz und clipst dann das Zopfhaarteil darüber fest. Besonders echt sieht es aus, wenn du eine Strähne von deinem Haar abteilst und um den Ansatz des Haarteiles wickelst. Lange falsche Lockenpracht gefällig? Du musst dir ein »halbes Lockenhaarteil« besorgen. Zuerst drehst du deine eigenen Haare auf Papilloten, um sie zu locken. Dann steckst du das Haarteil unterm Deckhaar fest und vermischst deine Haare mit den falschen Locken. Für eine glatte Glamourmähne fixierst du ein langes, glattes Haarteil wie einen Schleier auf Augenhöhe unterm Deckhaar und kämmst dein Deckhaar darüber.

Fix gesteckt

Willst du einzelne Kunsthaarsträhnen mit den bereits angefügten Kämmchen unsichtbar im Haar befestigen? Kein Problem, du schiebst sie einfach unterm Deckhaar gegen die Wuchsrichtung ins Haar.

Gel, Wachs & Co.

Stylingfans aufgepasst, hier bekommst du wichtige Facts für den Durchblick im Kosmetikregal ...

Haarspray (auch Fixing Spray oder Spray Fixante genannt) ist das beste Finish. Mit Kunstharzen, die sich als feine Hülle ums Haar legen, festigt es jede Frisur unsichtbar. Haarspray gibt es in verschiedenen Stärken – von normal bis ultrastark.

Haarlack wirkt wie ein Haarspray, aber mit doppelt starkem Halt und wesentlich mehr Glanz. Er ist ideal für das Fixieren von trendigen Haircuts.

Styling-Schaum (auch Forming Mousse oder Styling-Foam genannt) ist ein Haarfestiger in aufgeschäumter Form. Er gibt dem Haar Halt und Volumen, weil er es mit einem mikrofeinen Film umhüllt. Im handtuchtrockenen Haar verteilt ist Schaum die perfekte Basis für Föhnfrisuren. Ins trockene Haar geknetet sorgt er für trendy Strähnen und Locken lassen sich auch toll damit kringeln. Wichtig: Besser sparsam dosieren, sonst wird das Haar pappig.

Schaumlack (oder Mousse-Lack) verleiht maximales Volumen und mehr Stand als Styling-Schaum. Alle Haare lassen sich damit prima formen und erhalten nebenbei noch tollen Glanz.

Styling-Gel (auch Gelly Fix oder Gelee fixante genannt) wird partiell oder aufs ganze Haar aufgetragen. Besonders kurze Köpfe lassen sich damit endlos variieren. Du kannst damit aber auch deinen Pony zu Berge stehen lassen und einzelne Partien zu flippigen Stacheln drehen. Weil Gel eigentlich ein verdickter Flüssigfestiger ist, der die Haare miteinander »verklebt«, kann es das Haar aber auch starr und unnachgiebig machen. Also lieber sparsam damit umgehen. Das Gel erst auf der Handfläche verteilen, dann aufs Haar streichen. Styling-Gel gibt es bis ultra-strong. Als Wetgel sorgt es für starken Nasseffekt. In Sprayform ist Gel besonders leicht. Gel kann aufs nasse oder trockene Haar aufgetragen werden.

Hair-Gloss ist ideal für alle, denen Styling-Gel zu stark festigt. Es gibt viel Glanz, aber nur leichten Halt.

Styling-Wachs (auch Hairwax genannt) ist perfekt, um einzelne Partien zu betonen und widerspenstige Strähnen zu bändigen. Weil Wachs viel Fett enthält, das das Haar geschmeidig macht, zähmt es krause Haare nicht nur, sondern pflegt sie gleichzeitig. Achtung: Wachs ist nichts für den Ansatz, er sieht dadurch fettig aus.

Styling-Creme (auch Forming Creme oder Crème Décoiffante genannt) ist ein echter Zwitter. Sie ist weicher als Wachs und festigt weniger als Gel. Trockene und störrische Haare versorgt sie mit Fett und bietet gleichzeitig Halt. Styling-Creme ist toll zum Stylen von geschmeidigen Strähnen. Sie gibt es auch als Gloss-Creme. Dann verleiht sie deinem Haar zusätzlich Glanz und macht deine Frisur noch elastischer.

Spray, Wachs und Gel müssen vor dem Schlafengehen gut ausgebürstet werden, damit dein Haar über Nacht richtig Luft holen kann.

Schon gewusst?

60 Prozent der Boys lieben lange Haare und finden es sexy, wenn Mädchen ihre Haare lang, glatt und offen tragen. 40 Prozent der Jungen gefällt der Lockenlook. Aber tanz nicht mit zu wilder Lockenpracht an, denn viele Jungen finden das eher unnatürlich und zu aufgesetzt.

Styling-Specials

Der Markt für Haarkosmetik überrascht mit immer neuen Hairstylern: *Glättende Fluids*, die naturgelockte Haare glatt machen. *Gel mit Mattiereffekt*, die angesagten Mattlook ins Haar zaubern und super für Shortcuts sind. *Regenschirm-Spray*, das Locken bei Feuchtigkeit weniger kraus werden lässt. *Acrylgel*, das Haare sturmfest in andere Form lenkt. *Wetlook-Papers* (mit Gel durchtränkte Papierstreifen in Miniformat), die durchs Haar gezogen werden und sehr praktisch für unterwegs sind.

Extratipp

Zu viel Gel oder Wachs erwischt? Das ist ruck, zuck passiert, und schon wirkt das Haar fettig und strähnig. Wenn du vor dem Auftragen das Styling-Produkt zwischen den Händen erwärmst oder kurz anföhnst, wird die Konsistenz geschmeidiger und eine sparsame Dosierung fällt leichter.

Beauty-Frage

Fettcreme statt Wachs? Bei Locken oder trockenen Haaren kann man *ohne Probleme* auch mal eine Fettcreme fürs Haarstyling benützen. Wichtig ist, dass du für deine Haarlänge die richtige Menge erwischst. Lieber mit weniger anfangen – bei schulterlangen Haaren mit einem haselnussgroßen Klecks – und bei Bedarf nachlegen.

Kapitel 4

Rundum perfekter Body

Rundum perfekter Body

Bodyguards

Jetzt geht's an deinen Körper! Denn nicht nur das Gesicht, auch der Body will richtig gepflegt werden ...

Morgendliches Pflegeprogramm

Wasser marsch

Noch einmal so richtig im Bett räkeln – und dann nichts wie unter die Dusche. Erst schön gemütlich warm aufdrehen und zum Schluss kalt. Wenn du dir den kalten Guss zur Gewohnheit machst, kommst du morgens nicht nur schneller in die Puschen, sondern deine Haut bleibt straff und zart. Wer trockene oder empfindliche Haut hat, wählt einen cremigen Duschzusatz. Verbindest du das Abtrocknen mit einer kleinen Bodymassage, regt das den Kreislauf an und es lösen sich nebenbei noch die verhornten Hautschüppchen. Dafür rubbelst du die Haut in kreisenden Bewegungen mit einem Frotteehandtuch sanft ab.

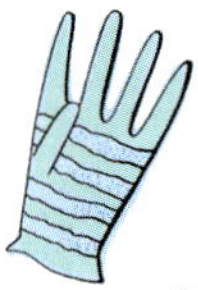

Wie geschmiert

Nach dem Duschen ist *Eincremen* sehr wichtig, um die Haut vor dem Austrocknen zu schützen. Am besten trägst du deine Bodypflege gleich auf die feuchte Haut auf, dann zieht sie richtig tief ein. Beim Eincremen besonders auf die Beine achten, denn hier trocknet die Haut leichter aus. Knie und Ellenbogen sind ebenfalls Trockenzonen. An Dekolleté und Hals ist die Haut zart und dünn, also auch hier das Cremen nicht vergessen. Willst du noch mehr Streicheleinheiten, massiere deinen Body beim Eincremen kurz. Damit stimulierst du die Durchblutung, reduzierst Wassereinlagerungen im Gewebe und wirkst damit Cellulite entgegen.

Pflegetruppe

Für die Körperpflege gib es tausend tolle Sachen. Bei der Wahl der richtigen Creme kommt es auf deine Haut und deine Vorlieben an: *Bodylotion* zieht schnell ein und hinterlässt keinen fettigen Film auf der Haut. *Körperspray* ist superpraktisch, wenn man es eilig hast. *Bodycreme* ist reichhaltiger und ideal für trockene Haut, die leicht schuppt. *Bodymilk* ist nichts anderes als eine verdünnte Creme. Ein Feuchtigkeit spendendes *Bodygel* ist leicht und erfrischend, für trockene Haut aber zu wenig. *Körperöle* mit Mandel- oder Jojobaöl sind perfekt, wenn du deine Haut mit einer Extraportion Nährstoffen verwöhnen willst, sie ziehen aber nicht so schnell ein. *Dry Oil* ist ein trockenes Körperöl, das schneller einzieht und keinen fettigen Film auf der Haut bildet. *Körperpuder* umhüllt die Haut mit einem samtigen Schleier, wirkt im Sommer kühlend und unterm Pulli wie ein Deo.

Müffeln ist blöd

Wer sich den ganzen Tag frisch und cool fühlen will, trägt nach dem Duschen immer ein *Deodorant* auf. Vor allem bei Stress, während der Periode und in der Pubertät schwitzen viele Mädchen mehr als sonst. Deos, am besten alkoholfrei, bekämpfen geruchsbildende Bakterien. Als Antitranspirant verengt es außerdem die Poren und vermindert so zusätzlich den Schweißfluss. Deos wirken auf trockenen und glatten Achseln am besten. Bei Härchen trifft das Deo nicht direkt auf die Poren, außerdem können sich Bakterien besser verbreiten.

Rubble dich schön

Die Haut erneuert sich ständig und stößt alte, verhornte Hautzellen ab. Diese lassen die Haut rau und stumpf werden. Besonders stark verhornen Ellenbogen, Knie und Schienbeine. Sie können immer eine Extraabreibung gebrauchen. Aber auch raue Oberarme werden durch ein *Peeling* wieder streichelzart. Nimm einen Massagehandschuh oder eine Körperbürste und rubble den gesamten Körper ab. Oder massiere unter der Dusche den feuchten Körper mit einem Peeling-Produkt.

Extratipp

Kennst du den Trick für zarte Ellenbogen? Einfach eine Zitrone halbieren und damit die Ellenbogen abreiben.

Beauty-Frage

Juckender Rücken, was hilft?
Juckreiz am Rücken kommt meist von verhornter Haut. Dreh dein Handtuch zu einer festen Wurst und rubbel damit deinen Rücken vor dem Duschen kräftig ab. Weil man beim Eincremen nicht an alle Stellen des Rückens kommt, einfach ein Bodyspray aufsprühen.

Ab in die Wanne

Eintauchen und alles drum herum vergessen – das geht am besten in einem wohlig warmen Bad ...

Wohlfühl-Oase

Sorge für die richtige Atmosphäre: Lege deine Lieblings-CD ein und zünde eine Duftkerze an. Sie betört nicht nur durch ihre Parfümierung, sondern auch durch schönes, gedämpftes Licht. Mit einem Frotteetuch als Nackenrolle kannst du es dir in der Wanne richtig gemütlich machen. Schokolade oder Pralinen schmecken im warmen Wasser noch mal so gut.

Baden à la carte

Blubberblasen von *Schaumbädern* bringen Spaß, machen aber die Haut leicht trocken. Also nicht zu lange im Wasser bleiben und nach dem Bad ausgiebig eincremen. Eine spritzigere Variante sind *Brausetabletten* oder *-kugeln*, die deine Wanne zu einem regelrechten Whirlpool machen. *Milchbäder* entspannen und spenden viel Feuchtigkeit. *Kräuterbäder* sorgen mit ihren pflanzlichen Wirkstoffen für reine Haut und Gesundheit.

Meersalzbäder hinterlassen durch die Salzkristalle ein angenehmes Prickeln auf der Haut, regen die Durchblutung an, wirken entschlackend und straffend. *Öl-* und *Cremebäder* sind stark rückfettend und besonders pflegend, also optimal für trockene Haut.

❀❀❀ Bade bei maximal 37 Grad, ideal sind 35 Grad, und bleibe nicht länger als 20 Minuten in der Wanne, sonst wird die Haut unnötig ausgetrocknet. Tipp: Die Investition in ein Badethermometer lohnt sich. ❀❀❀

Extratipp

Color-Power: Hol dir den Farbkick im Wasser! Nichts ist relaxender als ein blauer Badezusatz. Er symbolisiert die Farbe des Meeres, Tiefe und Stille. Genau die richtige Vorbereitung auf ein heißes Date ist rotes Badewasser. Darin kann man sich richtig verführerisch fühlen. Denn neben Wärme signalisiert das »Sinnenbad« Erotik, Leidenschaft und Liebe. Gelb und Orange sind die Farben der Sonne und machen gute Laune. Ein grüner Nixentümpel wirkt ausgleichend und gleichzeitig erfrischend. Es lässt einen an Lagunen, aber auch an blühende Wiesen denken.

Beauty-Frage

Schlapp nach dem Bad, wie kommt's?
Wer sich nach dem Baden ausgelaugt fühlt, hat meist zu lange und zu heiß gebadet. Das schwächt den Kreislauf und du fühlst dich müde.

Bodyshow

Störende Härchen? Nix wie weg damit! Zu einem gepflegten Body gehört glatte Haut ...

Schön glatt

Fürs Enthaaren von Beinen, Achseln und der Bikinizone gibt es verschiedene Methoden. Welche für dich am besten ist, hängt von deiner Schmerzempfindlichkeit und deinen Ansprüchen ab.
Rasieren kannst du dich sogar unter der Dusche. Aber bevor du mit der Nassrasur loslegst, solltest du deine Beine mit Rasierschaum einschäumen und ihn zwei bis drei Minuten einwirken lassen. Das lässt den Rasierer

leichter gleiten und richtet die Haare auf. Jetzt kannst du sie entgegen der Wuchsrichtung schön kurz kappen. Wichtig: Nie kreuz und quer rasieren. Und lass dir genügend Zeit, um fiese Schnitte zu vermeiden.
Intimrasur ja oder nein? Wie heißt es so schön, Geschmäcker sind verschieden! Manche finden vorwitzige Schamhaare lästig, andere stören sie gar nicht.
Haarentfernungscreme oder -schaum lässt spielend alle Härchen verschwinden. Vorteil gegenüber dem Rasieren: Weil die Härchen nicht mit einem scharfen Schnitt gekappt werden, wachsen sie weich und nicht stoppelig nach. Moderne Enthaarungscremes wirken gezielt am Haar und kaum auf der Haut. Trotzdem gilt: Das Produkt in der Armbeuge auftragen und zehn Minuten wirken lassen. Tritt nach 24 Stunden keine Rötung auf, trägst du die Creme auf die trockene Haut auf und entfernst sie entsprechend ihrer Einwirkzeit.

Wachsen ist nichts für Weicheier. Doch die kleine Zieperei lohnt sich. Für vier Wochen lässt sich kein Haar mehr blicken. Kalt- oder Warmwachs? Das Prinzip ist immer dasselbe: Wachs und die dazugehörigen Streifen auf die fettfreie, saubere Haut in Wuchsrichtung auftragen, dann in der entgegengesetzten Richtung abziehen. Wenn du zögerst, tut's nur noch mehr weh.
Epilieren mit elektrischen Epiliergeräten ist vor allem für die Beine gedacht. Die Geräte besitzen mehrere nebeneinander rotierende Pinzetten, die den Härchen an den Kragen gehen. Moderne Geräte arbeiten mit Systemen, die den Zupfschmerz verringern, aber nicht ganz ausschalten. Allerdings lässt das Schmerzempfinden nach mehrmaligem Epilieren nach. Mit dem Epilierer auf der trockenen, fettfreien Haut langsam gegen die Wuchsrichtung der Härchen entlangfahren. Wenn du die Haut dabei etwas mit den Fingern spannst, tut's weniger weh. Epiliere nicht direkt vor einem Date. Die Haut braucht 24 Stunden, bis die Rötungen zurückgehen. An sensiblen Stellen wie den Achseln oder der Bikinizone drohen Reizungen.

Extratipp

Après-Pflege: Nach dem Entfernen der Härchen das Eincremen nicht vergessen. Auch mit dem Sonnenbaden ein bisschen warten, frisch enthaarte Haut ist besonders empfindlich. Nach dem Enthaaren der Achseln ein Deo ohne Alkohol verwenden. Übrigens, am einfachsten lassen sich Härchen nach einem heißen Bad oder einer heißen Dusche entfernen.

Schnittig

Haarentferner auf einen Blick

- Elektrorasierer
  Vorteil: Geht schnell.
  Nachteil: Die Haare wachsen nach ca. zwei Tagen wieder nach.
- Nassrasur
  Vorteil: Geht auch mal zwischendurch.
  Nachteil: Stumpfe Klingen können die Haut reizen. Die Haare wachsen nach ca. drei Tagen wieder nach.
- Enthaarungscremes oder -schaum
  Vorteil: Hält bis zu einer Woche.
  Nachteil: Die Keratin lösenden Stoffe können bei empfindlicher Haut zu Reizungen führen.
- Wachs/Epilierer
  Vorteil: Hält einen ganzen Monat lang. Die Haare wachsen weich und ohne Stoppeln nach.
  Nachteil: Es kann ganz schön wehtun.

Härchen auf der Oberlippe

Zarter Flaum ist okay, aber dunkle Härchen sehen meist nicht so toll aus. Wichtig: *Auf keinen Fall rasieren!* Einzelne Härchen entfernst du mit der Pinzette. Straffe die Haut und zupfe das Haar mit einer schnellen Bewegung aus. Willst du viele entfernen, klappt das mit Wachsstreifen oder Haarentfernungscreme fürs Gesicht. Vor dem Auftragen die Haut gut reinigen und nachher mit einem alkoholhaltigen Gesichtswasser abtupfen. Idealerweise abends zupfen oder enthaaren, dann kann sich die Haut über Nacht beruhigen.

Bleichen macht unsichtbar

Dunkle, feine Haare auf den Armen, Oberschenkeln und im Gesicht kannst du auch bleichen. Dafür gibt's spezielle Bleichmittel für Körper- oder Gesichtsbehaarung in Apotheken oder Drogerien. Nach Packungsanweisung anmischen und auftragen. Aber mach vorher den obligatorischen Allergietest, um böse Überraschungen zu vermeiden.

Beauty-Frage

Wachsen rasierte Haare dicker nach?
Nein. Die nachwachsenden Haare kommen einem nur stärker vor, weil sie ganz gerade gekappt wurden. Lässt man die Stoppeln ganz herauswachsen, fühlen sich die Härchen wie immer an.

Extratipp

Hingucker-Beine! Eine *Schimmerlotion* macht glatte Beine zum absoluten Blickfang.

Enthaaren ohne Chemie? Ja, das geht: Gib 200 g Zucker in 50 ml warmes Wasser und rühr alles zu einem zähflüssigen Sud. Damit die lauwarme Zuckermasse gut haftet, musst du die Beine vorher anpudern (z. B. mit Babypuder). Danach verteilst du das »Klebezeug« in Wuchsrichtung der Härchen und drückst ein Baumwolltuch auf. Nach ca. 5 Minuten ziehst du den Streifen mit einem Ruck gegen die Wuchsrichtung ab. Das ziept, aber dafür hast du wochenlang glatte Beine.

Schon gewusst?

Bereits in der Steinzeit haben sich Frauen enthaart. Sie kratzten sich mit geschliffenen Steinen und Muschelschalen die Härchen ab.

Shopping-Tipp

Für Haut ohne Härchen brauchst du: einen Nassrasierer (am besten einen Ladyshaver) · einen Rasierschaum oder ein Enthaarungsprodukt deiner Wahl · eine beruhigende Après-Lotion für hinterher · eine Schimmerlotion für tolle Beine.

Hands up

Zeig her deine Hände! Mit diesen Tipps stehen wahrhaft glänzende Nagelzeiten an ...

Best Hands

Von allen Körperteilen sind deine Hände am wenigsten geschützt. Sie bekommen Sonne und Kälte zu spüren und sind am meisten mit Wasser und Seife in Kontakt. Das entzieht der Haut und auch den Nägeln ständig Fett und Feuchtigkeit. Du tust deinen Händen also etwas Gutes, wenn du sie nach dem Waschen mit einer *Handcreme* gründlich eincremst. Besonders im Winter kannst du auch mal eine *Ölpackung* machen: Bade deine Hände in einem Schüsselchen mit warmem Olivenöl. Ziehe anschließend Folienhandschuhe an und lass das Öl eine Stunde einziehen.

Echt ausgefeilt

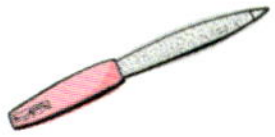

Trickreiche Maniküre in acht Schritten:

1 Erst mal heißt es Lack ab. Den alten Nagellack gründlich entfernen und anschließend die Nägel mit einem Handbürstchen fein säuberlich reinigen.

2 Ab und zu ein Nagelpeeling sorgt für eine schöne, helle Nagelplatte. Dafür 1 bis 2 EL grobes Meersalz mit Olivenöl mischen und die Nägel mit dem Mix massieren.

3 Ein Nagelbad macht die Nagelhaut schön weich. Dafür ein paar Tropfen Duschgel in ein Schüsselchen mit warmem Wasser geben und die Finger darin baden.

4 Danach die Nagelhaut mit einem speziellen Rosenholz- oder Gummistäbchen (aus der Drogerie) zurückschieben oder mit einem Nagelhaut-Entfernerstift lösen.

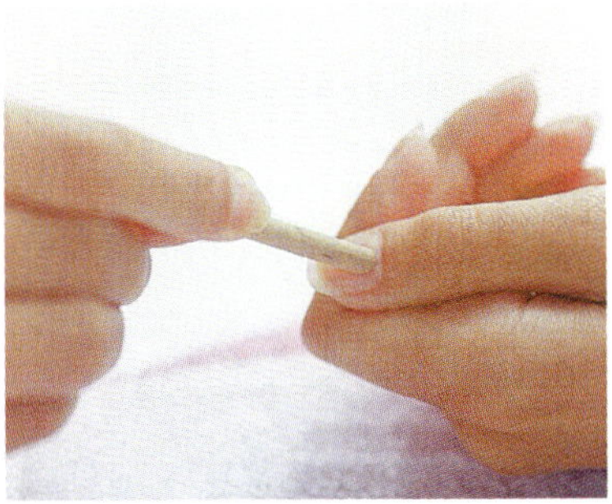

5 Wenn nötig, die Nägel mit der Schere auf eine Länge kürzen. Nach dem Nagelbad sind sie gut durchfeuchtet und splittern beim Schneiden nicht.

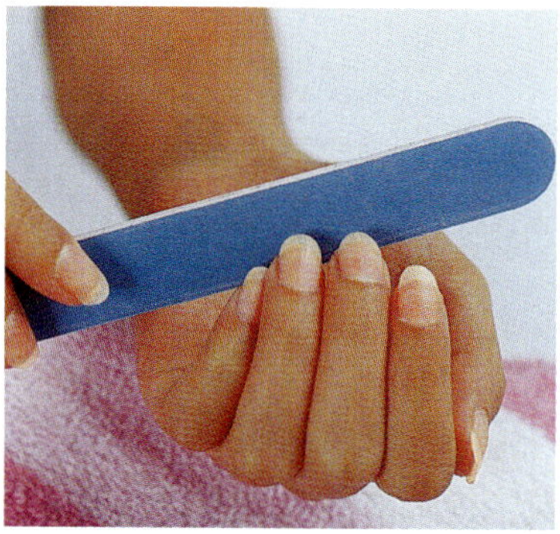

6 Dann die Fingernägel feilen. Entweder mit Feilen aus Sandpapier oder aus Mikrokristallen. Immer in eine Richtung feilen.
7 Mit einem Nagelpolierer die feinen Rillen der Nageloberfläche ausgleichen und sie anschließend auf Hochglanz polieren.
8 Klarlack auftragen, das lässt die Nägel topgepflegt aussehen.

Extratipp

Rund statt spitz! Die Nagelform waagerecht statt spitz feilen. Das sieht nicht nur trendy aus, sondern fängt durch die größere Fläche auch tägliche Belastungen besser ab und die Nägel brechen nicht so schnell ab.

Schönheit kommt von innen

Das gilt auch für deine Nägel! Darum achte auf eine gesunde Ernährung, das hält sie *schön stabil*. Nägel mögen Biotine (z. B. in Haferflocken, Blumenkohl, Leber und Erbsen), kalziumreiche Lebensmittel (z. B. Milch, grünes Gemüse), Zink (z. B. in Hülsenfrüchten, Nüssen), Vitamin A (in Mangos und gelbem Gemüse) und Vitamin E (in pflanzlichen Ölen). Gut sind auch Biotinpräparate und Kieselerde-Kapseln (beides bekommst du in der Apotheke).

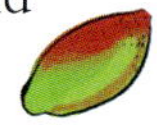

Beauty-Frage

Eingerissene Nagelhaut, was hilft?
Teebaumöl auftragen, das desinfiziert, beruhigt und heilt. Außerdem: Schere weg. Schneidest du die Nagelhaut, verhärtet die Schnittstelle der Haut immer mehr und reißt umso schneller wieder ein.

Shopping-Tipp

Für tolle Hände und Nägel brauchst du: eine Handcreme · eine Nagelfeile · einen Nagelpolierer · einen Klarlack.

Sweet feet

Mit dem kleinen Pflegeprogramm für deine Füße sorgst du überall für einen tollen Auftritt.

Barfussindianer

Lauf öfter mal barfuß – das tut deinen Füßen gut und lässt Luft an deine Haut. Gönne deinen Füßen regelmäßig ein *Fußbad*. Tauche deine Füße etwa zehn Minuten in warmes Wasser mit ein paar Tropfen Mandelöl. Hinterher lässt sich die Hornhaut mit einer *Fußraspel* oder einem *Bimsstein* leicht rubbeln. Zum Schluss die Füße mit einer reichhaltigen Bodycreme verwöhnen.
Bei sehr trockener Haut die Füße abends ganz dick mit *reichhaltiger Creme* oder *Vaseline* eincremen. Baumwollsöckchen darüberziehen und die Pflege über Nacht einziehen lassen.
Für Barfußfrische in den Sneakers sorgt ein *Fußgel* mit Melisse oder Pfefferminze.

Pediküre

Schnitt für Schnitt zu schönen Zehennägeln

1. Die Fußnägel gerade und nicht zu kurz abschneiden. Dafür nimmst du am besten einen Nagelknipser oder eine nicht gebogene Nagelschere.
2. Dann die Kanten glattfeilen und die Ecken leicht abrunden, damit nichts einwachsen kann.
3. Die Nagelhaut mit einem Fußbad aufweichen und mit einem Rosenholzstäbchen (Drogerie) vorsichtig zurückschieben.
4. Letzten Schliff erhalten die Zehennägel mit dem Nagelpolierer.

Extratipp

Fußmassage: Mit kleinen Massagebällchen oder -rollen lässt sich die Durchblutung von Füßen und Beinen raffiniert anregen. Das verwöhnt nicht nur deine Füße, sondern deinen ganzen Körper. Gleicher Effekt: Nimm reichlich Fußcreme oder Körperöl und knete damit deine Füße kräftig durch. Zuletzt mit streichenden Bewegungen an den Beinen hochfahren.

Schon gewusst?

Im alten Ägypten galt ein Kuss auf den Fuß als ebenso galant wie ein Kuss auf die Hand.

Shopping-Tipp

Für schöne Füße brauchst du vor allem: eine Nagelschere und eine Feile für die Formgebung · Bimsstein oder Hornhautraspel zum Entfernen von Hornhaut · Mandelöl fürs Fußbad · Nagelpolierer · Massageroller.

Lust auf Lack?

Diese Lackiertricks machen deine Nägel zum Kunstwerk.

Malstunde

Step by step perfekt lackiert:

1 *Richtige Grundlage* schaffen. Verwende immer einen Unterlack. Er sorgt dafür, dass der Farblack länger hält und die Nägel nicht verfärbt. Lass ihn gut trocknen, bevor du dich weiter ans Werk machst.

2 *Nagellackfläschchen* immer erst kräftig schütteln, damit sich sämtliche Inhaltsstoffe gut miteinander vermischen. Vor dem Auftragen den Pinsel abstreifen.

3 Jetzt den Lack mit einem Strich in der *Mitte* auftragen, dann erst die *Seiten* lackieren.

4 Die Lackschicht *gut trocknen lassen*. Test: Die Nägel vorsichtig aneinander tippen. »Kleben« sie noch, ist der Lack noch feucht.

5 Eine *zweite Lackschicht* aufmalen, wenn nötig. Aber keine dritte, weil sonst ein vorzeitiges Abblättern des Lacks droht.

6 Für das Lackieren der Fußnägel einen *Zehenspreizer* oder zusammengerollte Papierservietten zwischen die Fußzehen klemmen, das macht das Lackieren leichter.

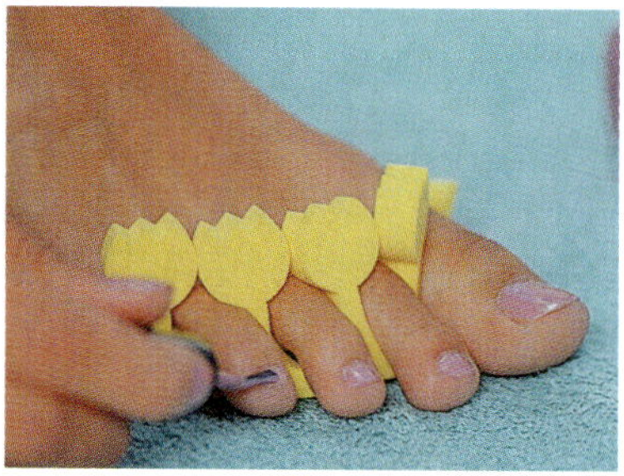

7 Kleine Fehler beim Lackieren kannst du mit einem *Nagellack-Korrekturstift* ausradieren. Gleicher Effekt: Wattestäbchen mit Nagellackentferner tränken.

8 Wenn du auf den trockenen Farblack einen *Oberlack* pinselst, hält er länger und wird stoß- und kratzfester.

French Manicure

Der »französische« Look mit seinen *weißen Nagelspitzen* sieht supermodisch und edel aus. Dafür erst die beigefügten Schablonen so aufkleben, dass sie an deinem natürlichen Nagelweiß anschließen. Gut festdrücken und die Spitzen weiß lackieren. Sind sie trocken, wird der ganze Nagel rosa überlackiert. »French Nails« machen sich auch bei den Zehennägeln gut.

Good Lack

Immer nur der gleiche Lack? Ist doch langweilig! Probier doch mal was Neues aus:

Flitter-Look: Mit Glitter aus dem Bastelladen kannst du deinen Nagellack zum Funkeln bringen.

Strassspitzen: Ausgeflippt sehen bunte Glitzersteine auf farbig lackierten Nägeln aus. Du drückst sie mit einem Zahnstocher in den noch feuchten Lack.

Tattoo you: Mit süßen oder lustigen Tattoos werden deine Nägel zum Eyecatcher. Die Motive kurz ins Wasser legen, dann auf den Nagel kleben und mit einer Schicht Klarlack versiegeln.

Nagelprobe

- *Lange Krallen:* Je länger der Nagel, umso dezenter sollte die Farbe sein.
- *Kurze, schmale Nägel:* Mit Pastelltönen wirken sie länger.
- *Breite Nägel:* Wichtig: Beim Lackieren an beiden Seiten einen schmalen Rand lassen. Goldnuancen schmeicheln.

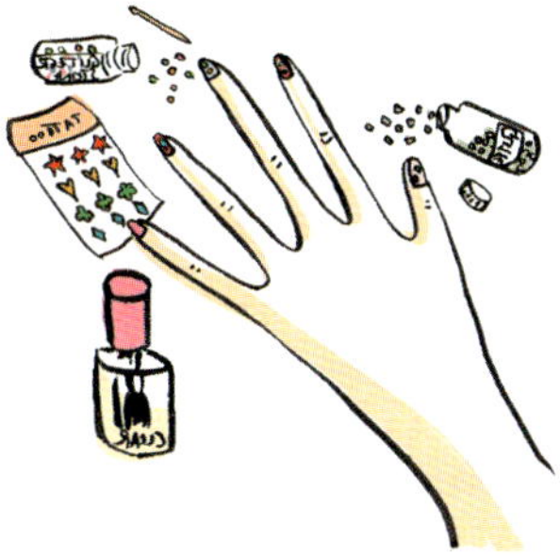

Extratipp

Blitzschnell trocken: Tauche deine Nägel in Eiswasser, sobald der Lack leicht angehärtet ist, dann ist er ganz schnell trocken und du bist ausgehfertig.

Pannenhilfe

Zu weiche Nägel? Mit Härterlack kannst du die Nagelplatte festigen.
Rillen? Ein Rillenfüllerlack sorgt für glatte Oberfläche.
Splitternde Spitzen? Einmal pro Woche ein Nagelbad in Olivenöl machen. Das durchfeuchtet die Nägel und macht sie elastischer.
Miniriss? Nagel-Sofortkleber kittet die Sache.
Tief eingerissen? Fertiges Verstärkungsgel hilft, aber auch dieser Selbstmach-Trick: Klarlack auf die eingerissene Stelle pinseln, dann ein Ministück Teebeutelpapier aufdrücken und den Nagel anschließend mit farbigem Lack lackieren.
Nagel ab? Keine Panik. Mit einer künstlichen Nagelspitze zum Aufkleben bringst du deinen Nagel wieder auf die gewünschte Länge. Perlmuttlack darüberpinseln und keiner merkt die kleine Mogelei.
Hart gewordener Lack? Wenn du das Fläschchen einige Minuten in einen Topf mit heißem Wasser stellst, wird er wieder flüssig.

Extratipp

Fake it: Wer nicht mit langen, festen Nägeln gesegnet ist, kann mit *Kunstnägeln* nachhelfen. Wem das Taschengeld fürs Nagelstudio nicht reicht, der klebt sich einfach selbst welche auf. Sie halten etwa zwei Wochen und es gibt sie auch schon fertig lackiert. Übrigens ist das auch ein guter Tipp für Nagelbeißer. Bei Kunstnägeln beißt du nämlich auf Granit.

Beauty-Frage

Lackbläschen, wie kommt's? Schuld kann ein Lack sein, der zu alt und dickflüssig ist. Oder ein Unterlack, der noch nicht trocken ist. Bläschen können sich auch bilden, wenn du die Nägel in der Sonne lackierst.

Shopping-Tipp

Fürs perfekte Lackieren brauchst du: einen Nagellackentferner oder einen Korrekturstift · einen Unterlack · einen Farblack · einen Oberlack · einen Zehenspreizer.

Du bist dufte

Alles über Duftwässer und wie sie dich gut riechen lassen ...

Das ist drin im Duft

Jeder Duft besteht aus einer *Kopfnote*, die dir zuerst in die Nase steigt, einer *Herznote*, dem Mittelpunkt des Duftes, und einer *Basisnote*, die am längsten anhält.
Parfüm riecht am stärksten, weil es 15 bis 20 Prozent Duftöle enthält. Bei *Eau de Parfum* sind es nur 10 Prozent, in *Eau de Toilette* sind es 5 bis 8 Prozent und in *Eau de Cologne* stecken nur 2 bis 4 Prozent. *Body Fraîcheur* oder *Body Splash* werden die Duftwässerchen für den Body genannt, die herrlich erfrischend wirken. Zu vielen Düften gib es passend parfümierte Body-Produkte (Deo bis Körpercreme) – ideal, wenn man zwischendurch mal auf Parfüm, aber trotzdem nicht ganz auf seinen Lieblingsduft verzichten möchte.
Am besten findest du deinen Duft vormittags, da ist dein Geruchssinn noch frisch und ausgeruht. Möchtest du mehr als drei Düfte testen, fange mit dem leichtesten an. Das Parfüm solltest du nach dem Auftragen nicht verreiben, denn das zerstört die Duftmoleküle. Wichtig ist, dass du die Düfte direkt auf die Haut sprühst, z. B. auf Puls oder Armbeuge, denn so können sie erst deinen persönlichen »Touch« entwickeln. Teststreifen oder -karten geben deiner Nase oft ein verfälschtes Bild, weil jede Haut den Duft unterschiedlich weitergibt.

So wirkt der Duft am besten

Weniger ist mehr, heißt die Devise. Bei Sprühflaschen so viel Abstand halten, dass die Haut nur benetzt, aber nicht nass wird. Tipp: Gleich nach dem Duschen oder Baden parfümieren, da ist die Haut noch warm und die Duftstoffe können sich besonders schön entfalten. Am besten entwickelt sich der Duft dort, wo das Blut pulsiert: Das sind Hals, Schläfen, Brustansatz, Handgelenk, Armbeuge, Kniekehlen oder Fesseln.

Mit Duft verführen

Viele süßliche, sinnliche Duftessenzen – wie Jasmin, Rose, Hyazinthe, Veilchen, Sandelholz, Vanille oder Zimt – sorgen für ein wohlig-warmes Gefühl von Nähe und wirken verlockend. Zusammen mit anderen »Antörnern« wie Schmusemusik oder Kerzenlicht können sie tatsächlich Lust auf Kuscheln und zärtliche Berührungen machen.

Gar nicht dufte

Normalerweise hält dein Duft ca. eineinhalb Jahre. Durch zu viel Licht, Sonne und Hitze kann er aber vorzeitig umkippen und leicht muffig riechen. Wichtig: Das Parfüm immer gut verschließen, an einem kühlen, dunklen Platz aufbewahren und ein möglichst kleines Fläschchen kaufen, wenn du dein Parfüm nicht täglich benutzt.

Extratipp

Dufter Trick! Du hast dir einen neuen Duft zugelegt und der alte ist noch nicht ganz leer? Um ihn vollends aufzubrauchen, kannst du ihn ins Badewasser träufeln oder auf ein Holzstückchen geben und es zwischen deine Wäsche legen.

Kleiner Dufttest gefällig?

Sportlich frisch, blumig-fruchtig oder sinnlich? Hier kannst du herausfinden, welche Duftrichtung am besten zu dir passt!

Beantworte folgende Fragen. Der Buchstabe, den du am häufigsten ankreuzt, verrät deinen Dufttyp.

1. Welche Musik hörst du am liebsten?
A Hip-Hop
B Kuschelrock
C Alles, was gerade angesagt ist

2. Wie sieht dein ultimativer Sommerlook aus?
A Sneakers, Jeans und T-Shirt
B Blümchenkleid und Riemchensandaletten
C Highheels und heiße Sonnenbrille

3. Was darf im Sommerurlaub nicht fehlen?
A Ein Swimmingpool
B Eine einsame Bucht
C Coole Beachclubs und Bars

4. Wie schminkst du dich am liebsten?
A Wimperntusche und sonst nichts
B Rosa Lidschatten und heller Lipgloss
C Rote Lippen und schwarzer Kajal

Du hast hauptsächlich **A** angekreuzt:

Du bist aktiv und viel unterwegs – ein richtiges Sporty-Girl. Da passen frische Düfte, die Leichtigkeit versprühen und die nach Sonne, Meer, Wassermelonen und Ananas duften.

Du hast hauptsächlich **B** angekreuzt:

Du bist eine Romantikerin, ein echtes Blumenkind. Deshalb sind blumige oder blumig-fruchtige Parfüms, die nach Blumenwiesen riechen, für dich wie gemacht.

Du hast hauptsächlich **C** angekreuzt:

Du bist die geborene Verführerin, eine richtige Sexy Lady. Für dich sind Parfüms, die den Duft von sinnlichen Blüten wie Rosen oder fruchtigen Beeren wie Himbeeren und exotischen Gewürzen und Hölzern verströmen, genau richtig.

Flirtabsichten? Sprühe einen Hauch deines Duftes in den Nacken und auf die frisch gewaschenen Haare, da beißen die Boys garantiert an.

Beauty-Frage

Warum riecht Parfüm bei jedem anders?

Jeder Mensch hat einen ganz eigenen Körpergeruch und der vermischt sich natürlich mit dem Parfüm. Auf fettiger Haut entwickelt sich der Duft außerdem ganz anders als auf trockener Haut. Aber dazu kommen noch andere Duftnoten, die wir am Körper tragen. Das fängt beim Waschmittel an und ist mit Duschgel, Deo und Bodylotion noch nicht am Ende. Daraus entsteht ein persönlicher Duftcocktail, der bei jedem verschieden ist.

Star-Smiling

Zähne wie eine Perlenkette und ein minzfrischer Atem, damit hast du immer gut lachen.

Fein rausgeputzt

Zahnärzte empfehlen, die Zähne mindestens zweimal täglich und jeweils drei Minuten in kreisenden Bewegungen und idealerweise nach jedem Essen zu putzen. Am besten mit einer Zahnbürste, die mikrofeine und abgerundete Borsten besitzt, damit das Zahnfleisch beim Putzen nicht verletzt wird. Putzprofis haben sie schon längst im Bad: die elektrische Zahnbürste. Da geht's dem Zahnbelag mit Höchstgeschwindigkeit an den Kragen und die Zähne werden noch sauberer. Aber das ist nur die halbe Arbeit, weil man mit Bürsten allein die Zahnzwischenräume nicht optimal reinigen kann. Oft stecken dort noch Essensreste, weswegen man zusätzlich gewachste Zahnseide benutzen sollte. Die richtige Anwendung solltest du dir beim Zahnarzt erklären lassen.

Pasta, basta

Fluoridhaltige Zahncremes helfen Karies zu vermindern. Mundspülungen sind ideal, weil sie Plaquebakterien beseitigen und für guten Atem sorgen. Zungenreiniger schaben Beläge von der Zunge, in denen sich Bakterien tummeln und die Mundgeruch verursachen.

Kussfrische

Nicht nur ein Mundwasser sorgt dafür, dass man dich zum Knutschen findet. Gut riechen kann man dich mit grünem Tee, Petersilie, Walnüssen und Pfefferminzkaugummis. Ein kleiner Trick behebt außerdem einen schlechten Atem: Täglich einen Becher Naturjoghurt essen. Die darin enthaltenen Joghurtkulturen setzen Bakterien außer Gefecht, die für Mundgeruch verantwortlich sind.

Extratipp

Backpulver: Dieses Hausmittel für weißere Zähne ist ein alter Modeltrick. 1 EL Backpulver in einem Glas mit etwas lauwarmen Wasser auflösen, auf die Zahnbürste geben und die Zähne damit gründlich polieren.

Beauty-Frage

Kauen statt putzen?
Zahnpflegekaugummis sind eine wirkungsvolle Ergänzung zum Zähneputzen, aber kein Ersatz. Durch das Kauen wird die Speichelbildung angeregt, die wiederum zahnschädliche Säuren neutralisiert. Trotzdem gilt: Zu Hause nach dem Essen besser die Zähne putzen.

Shopping-Tipp

Für gesunde, weiße Zähne und frischen Atem brauchst du: eine gute Zahnbürste (regelmäßig erneuern!) · eine fluoridhaltige Zahnpasta · Zahnseide · ein Mundwasser · einen Zungenschaber.

Schön wie Milch und Honig

Natur pur! Diese *Beauty-Rezepte zum Selbermachen* sind erste Sahne. Milch macht die Haut mit Fetten, Milchsäuren und Eiweiß herrlich geschmeidig. Honig, der Stoff, auf den Bienen fliegen, enthält wertvolle Vitamine, Enzyme und Spurenelemente und wirkt dazu noch antiseptisch. Sahne ist Crème de la Crème für den Body und macht ihn glatt ...

Kleopatra-Bad

Schon die ägyptische Königin schwor auf *Milchbäder* als Schönheitsrezept. Du streust erst zwei Handvoll Salz in die trockene Badewanne und lässt dann das Wasser einlaufen. In der Zwischenzeit löst du 1/4 Tasse Bienenhonig in zwei Litern warmer Milch auf und mischst 1 TL Weizenkeimöl dazu. Den Beauty-Mix ins Badewasser geben. Wenn dir das Kleo-Bad zu aufwendig ist, kannst du auch nur zwei Liter Milch ins Badewasser schütten.

Milk-Peeling

Haut zum Herzeigen erwünscht? Die *Rubbelpackung* aus 1 EL Milch, 1 Handvoll grobkörnigem Meersalz und 1 Klecks Bodylotion poliert deine Haut im Handumdrehen. Du massierst den Mix auf alle rauen Stellen, wie Oberarme, Ellenbogen und Knie, und lässt ihn dort fünf Minuten wirken. Hinterher abduschen.

Body-Maske

Hier kommt das Rezept für einen *streichelweichen Körper:* Einfach 250 g Quark, 3 EL Sahne, 2 fein geriebene Äpfel und 50 ml Apfelsaft zusammenmischen. Den Schönheitsbrei am besten im Bad auf dem Body verteilen, 20 Minuten einziehen lassen und danach gründlich abduschen.

Gut zu Fuss

Willst du nicht auch mal deinen Füßen eine Extra-Portion Pflege gönnen? Folgendes Schönheitsmittel macht sie samtzart: Du zerdrückst fünf Erdbeeren und gibst so viel Sahne und Honig dazu, bis ein dickflüssiger Brei entsteht. Damit streichst du die Füße ein und lässt die Beauty-Packung etwas 20 Minuten wirken. Hinterher spülst du alles mit lauwarmem Wasser gründlich ab.

Beauty-SOS

Bei Stress in der Schule oder in der Liebe kann deine Haut schon mal aus dem Takt geraten. Sie ist schuppig, spannt und hat vielleicht auch noch Pickel? Der SOS-Tipp ist eine Quark-Honigmaske: Du verrührst 1 EL Magerquark mit 1 TL Honig und trägst die Maske für 10 Minuten auf das gereinigte Gesicht auf. Das entspannt die Haut und desinfiziert die Pickel. Anschließend alles lauwarm abspülen.

Beauty-Frage

Woran erkennt man Naturkosmetik?

An den Inhaltsstoffen! Naturkosmetik muss zu 100 Prozent aus Naturstoffen und aus kontrolliert-biologisch angebauten Pflanzen bestehen. Gefärbt werden darf nur mit gemahlenen Pflanzen, Edelsteinen und Mineralien. Verboten sind gentechnisch veränderte Substanzen und Öle aus der Industrie, PEG-haltige Waschsubstanzen sowie synthetische Konservierungsstoffe und Emulgatoren. Die Hersteller von Naturkosmetik verzichten außerdem auf Tierversuche. Du erkennst das an dem kleinen Häschen auf dem Produkt.

Kapitel 5

Wellness

Wellness

Voll relaxen & verwöhnen

Nimm dir Zeit und lass die Seele baumeln. Das ist gut für Körper und Geist.

Schön zu zweit

Lust auf ein Verwöhnprogramm? Leg mit deiner Freundin einfach mal ein *Beauty-Weekend* ein. Da könnt ihr euch richtig von Kopf bis Fuß mit Masken, Peelings und entspannenden Massagen pflegen. Schon beim Frühstück geht's los.

Alles für einen Samtbody

Die eine Hälfte einer leckeren *Papaya* wandert in einen Fruchtsalat. Das darin enthaltene Vitamin A kurbelt von innen die Zellerneuerung an. Mit der anderen Hälfte streicht ihr nach dem Frühstück über euren Body. Die tropische Frucht schmeckt nämlich nicht nur gut, sondern wirkt als Body-Peeling wahre Wunder. Ihre Fruchtsäuren entfernen auf sanfte Weise abgestorbene Hautschüppchen und machen die Haut samtweich. Den Saft kurz einwirken lassen und dann abduschen.

Entzückender Rücken

Jetzt brauchst du deine Freundin. Sie kann dir mit einem Massagebürstchen den Rücken massieren. Kleine Hautunreinheiten und verhornte Hautschüppchen, die sich gern am Rücken ansammeln, werden so schnell entfernt. Klärend wirkt auch eine Schlammpackung auf dem Rücken. Ihr stellt sie aus 2 EL Heilerde, 3 EL heißem Wasser, je 5 Tropfen Olivenöl und Zitronensaft her. Ihr streicht sie euch gegenseitig auf den Rücken und duscht alles nach 20 Minuten ab.

Relax-Massage

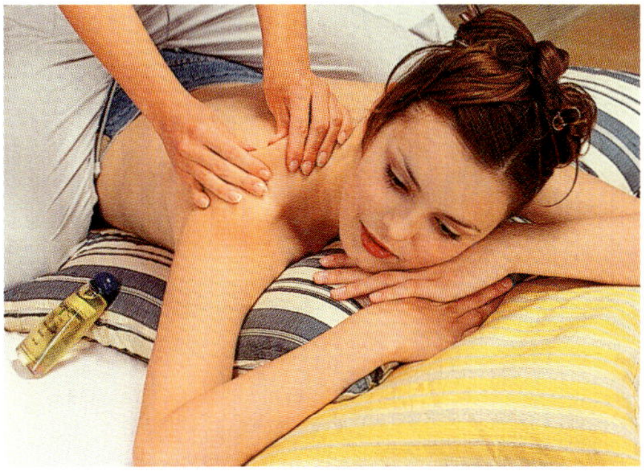

Superentspannend ist es auch, wenn dir deine Freundin die Nackenmuskeln lockert. Leg dich entspannt hin. Dann legt deine Freundin zuerst ihre Hände auf dein Schlüsselbein und streicht mit ihren Handflächen mehrmals über deine Schultern nach außen. Anschließend umfasst sie deinen Nacken und massiert ihn mit den Fingerkuppen in leicht kreisenden Bewegungen.
Als Dankeschön erhält deine Freundin eine Gesichtsmassage von dir. Du verteilst etwas Feuchtigkeitscreme in ihrem Gesicht und massierst mit den Fingerspitzen zuerst die Schläfen in kreisenden Bewegungen. Dann legst du die Daumen auf die Stirnmitte und ziehst sie mit leichtem Druck in Richtung Schläfen.

Tea-Time

Wie wär's mit einem Apfeltee an dem kuscheligen Beauty-Weekend? Ihr könnt ihn ganz einfach selbst herstellen: Ihr schält drei unbehandelte Äpfel und lasst sie bei geringer Hitze im Ofen ein bis zwei Stunden trocknen. Die gegarten Äpfel in ein Gefäß geben und mit heißem Wasser aufbrühen. Je nach Geschmack ziehen lassen. Übrigens, die Apfelschalen könnt ihr prima als Badezusatz verwenden. Ihr gebt die Schalen in etwas heißes Wasser, mischt 1/4 l Apfelessig und 3 TL Honig dazu und lasst alles ziehen. Seiht das Gemisch ab und gießt es zum warmen Badewasser. So ist das Beauty-Bad für den Sonntag schon fertig.

Hopp, hopp

Vor dem Wannenzauber gibt's aber zuerst eine Runde gemeinsames Jogging. Schlappmachen gilt nicht! Joggen bringt Kondition und auch eine gehörige Portion Power für abgeschlaffte Muskeln. Hinterher geht's zum Relaxen in die warmen Fluten. Die Zeit während des Badens könnt ihr gleich für eine Gesichtsmaske und eine Haarpackung nutzen, so wird die Wirkung durch den Wasserdampf noch verstärkt. Unbedingt Tür schließen, sonst geht die heiße Luft baden.

Spa-Feeling

Es gibt nichts Schöneres, als den Body nach dem Bad ausgiebig zu pflegen. Toll ist eine Körperpackung mit Allzweckcreme. Tragt die Creme dick auf dem ganzen Körper oder nur auf Hals, Dekolleté und Busen auf und hüllt euch für eine halbe Stunde in den Bademantel. Für den absoluten Kuschelkick den Mantel vorher auf der Heizung anwärmen.

Asia-Beauty

Go east! Die asiatischen Lehren von Ayurveda und Co. verhelfen dir zu Harmonie, Glück und Schönheit – und lassen dich von innen heraus leuchten.

Start in den Tag

Ein Ayurveda-Tag beginnt mit einem Glas heißem, abgekochtem Wasser und ein paar Tropfen Zitronensaft gleich nach dem Aufstehen, um die Verdauung anzuregen. Auch gut: etwas geriebener Ingwer, den du ins kochende Wasser gibst.

Rundum wohlfühlen

Mit einer fünfminütigen Massage täglich kannst du den Stress aus deinem Körper fließen lassen. Dafür 2 EL Sesam- oder Kokosöl erwärmen und 2 Tropfen ätherisches Öl (z. B. Orange, Rose oder Gewürznelke) hinzufügen. Den Körper vom Gesicht über den Bauch zu den Armen und Beinen mit sanft kreisenden Bewegungen massieren. Dann mit warmem Wasser abduschen.

Shirodhara

Im Ayurveda-Studio wirst du mit einer Ganzkörpermassage verwöhnt, deren krönender Abschluss der Stirnguss (ayurvedisch: Shirodhara) ist. Hier fließt warmes Sesamöl über Stirn und Schläfen. Durch den kontinuierlichen Fluss wird ein entspannender Impuls auf die Nervenenden ausgelöst.

In der Ruhe liegt die Kraft

Die Seele baumeln lassen, abschalten, ruhen und sich selbst finden, das sind die Grundsätze der Meditation. Du musst kein Meditationsprofi sein, um dem Nirwana ein Stück näher zu kommen. Einfach auf den Rücken legen und den Kopf mit einem Kissen unterlagern, dann die Augen schließen und die Hände auf den Bauchnabel legen. Jetzt tief in den Bauch atmen, sich nur auf den Atem konzentrieren und spüren, wie sich der Bauch hebt und senkt. Denke bei jedem Einatmen »Eiiin« und bei jedem Ausatmen »Auuus«. Spätestens jetzt geht deine Seele auf Reisen. Angst vor Prüfungen, Ärger zu Hause oder mit dem Freund lassen sich mit einer 10- bis 15-minütigen Meditation prima im Zaum halten.

Extratipp

Diese Zen-Weisheit hilft beim Meditieren:
Still sitzend, nichts tuend kommt der Frühling und das Gras wächst von ganz allein.

Klangbad

So ungewöhnlich es klingen mag, jeder Körperteil ist empfänglich für Klänge – sogar die Leber, die Lunge oder das Herz. Spezielle Klangschalen, die auf die verschiedenen Körperteile aufgelegt werden, verbreiten durch ihren Klang eine feine, sanfte Vibration im ganzen Körper. Sie lösen Verspannungen und füllen verbrauchte Energiereserven wieder auf.

Schon gewusst?

Yin und Yang: Die Asiaten kennen keine Trennung zwischen Körper und Seele. Für sie stand schon immer fest, dass es ohne inneres Gleichgewicht keine äußere Harmonie gibt. Die Chinesen gehen in ihrem Weltbild von Yin und Yang aus – zwei Kräfte, die einander entgegenstehen, aber nicht ohne einander sein können. Sind Yin und Yang im Gleichgewicht, fließt unsere Lebensenergie.

Yogi spielen

Yoga stärkt dein Körperbewusstsein, fördert die Konzentrationsfähigkeit und hilft dir relaxen. Für die Entspannungsposition gehst du in den Schneidersitz (Lotussitz) und richtest die Wirbelsäule gerade auf. Atme tief ein und aus, wenn du möchtest, mit einem »Omm«. Lass deine Gedanken fließen. Achte auf ein ruhiges Umfeld, Pflanzen, Kerzenschein oder gedimmtes Licht. Räucherstäbchen und sanfte Musik bringen dich außerdem in die richtige Stimmung.

Die Lehre von den drei Doshas

Nach der ayurvedischen Gesundheitslehre unterscheidet man zwischen drei Konstitutionstypen (Doshas): *Kapha*, *Pitta* und *Vata*. Jeder Mensch lässt sich mindestens einem dieser Doshas (wobei die meisten Menschen Mischtypen aus zwei Doshas sind) zuordnen. Uns geht es nur gut, wenn unsere Doshas im Gleichgewicht sind.

- Kapha-Typen haben einen kräftigen Körperbau und neigen zu ein paar Kilos zu viel. Mit Obst und Gemüse können sie dem entgegensteuern. Ihre Haut neigt zu Mitessern. Regelmäßige Peelings sind da gut. Wenn der Kapha-Typ aus dem Gleichgewicht gerät, kann seine entspannte Haltung zu Passivität führen. Body und Seele brauchen dann Erfrischung. Skaten und Joggen motivieren. Bodysprays mit Zitrusduft bringen den nötigen Energiekick.
- Pitta-Typen sind intensiv und leidenschaftlich. Oft sind sie athletisch und muskulös. Heiße, scharfe Sachen sind nichts für Pittas. Sie tendieren zu Mischhaut. Wichtig ist daher die porentiefe Reinigung der T-Zone. Der feurige Pitta-Typ sollte versuchen, sein inneres Gleichgewicht zu finden. Öle und Düfte wie Minze und Sandelholz kühlen und fördern Harmonie und Wohlbefinden.
- Vata-Typen haben ein sprunghaftes Wesen und ihre Stimmung wechselt schnell. Sie sind meist schlank, grazil und gelenkig. Ihre Haut ist oft trocken. Sie müssen sich mehr mit Pflege beschäftigen. Das Leben des Vata-

Typen ist hektisch und er tendiert zu Nervosität. Diese Typen sollten sich daher mehr Ruhe gönnen. Ideal sind für sie geruhsame Bäder, Massagen sowie Aromaöle und Räucherstäbchen, die den Duft von Zimt, Rose, Vanille und Patchouli verströmen.

Beauty-Frage

Was bringt Akupressur?

Akupressur ist die Bezeichnung für eine japanische Fingerdruck-Massage. Im Gegensatz zur Akupunktur kannst du sie selbst durchführen. Für den schnellen Energiekick massierst du den Punkt, der einen Fingerbreit unter dem Nasenflügel liegt. Für Entspannung sofort: Sanft gegen die Innenseite der Augen an der Nasenwurzel drücken und bis zehn zählen. 3- bis 5-mal wiederholen.

Schon gewusst?

Ayurveda bedeutet »Wissenschaft vom langen Leben« und ist 3 500 Jahre alt. Auf den ersten Blick scheint sich die altindische Lehre gar nicht so einfach mit unserem modernen Leben vereinbaren zu lassen. Doch wer einzelne Bausteine daraus in seinen Alltag integriert, kommt tatsächlich leichter zu innerer Ausgeglichenheit, einer gelassenen Ausstrahlung und natürlicher Schönheit.

Heisse Sachen

Sauna, Hamam oder Dampfbäder sind nicht nur Spezialisten für schöne, reine Haut, du kannst darin auch wundervoll relaxen.

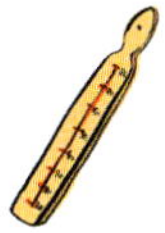

Schwitzhütte

Saunabäder putzen nicht nur die Poren und schleusen Giftstoffe aus dem Körper, sie machen auch glücklich. In der heißen Luft wird die Ausschüttung von Stresshormonen gedrosselt, gleichzeitig die Bildung von Serotonin, dem Glücksbotenstoff im Gehirn, angekurbelt. Damit das Saunabaden ein echtes Vergnügen wird, sollten Anfänger ein paar wichtige Dinge beachten.

Mini-Sauna-Guide

Vorbereitung: Nicht mit vollem Magen saunieren, das belastet den Kreislauf zu sehr. Besser ist es, zwei Stunden vorher nichts mehr zu essen und nach einem Workout 15 Minuten zu warten, bis der Körper ausgeruht ist.
Das brauchst du: zwei große Handtücher – eines zum Drauflιegen, das andere zum Abtrocknen.
Dauer: Pro Saunagang acht bis zwölf Minuten. Insgesamt solltest du maximal drei Saunagänge machen. Wichtig: Vor dem Aufstehen in der Sauna etwa zwei Minuten aufrecht sitzen, sonst kann es zu Schwindel kommen.
Abkühlen: Ein kalter Guss zwischen den einzelnen Saunagängen ist absolutes Muss. Dazu kühlt man sich erst mal an der frischen Luft ab, anschließend spritzt man sich mit einem Wasserschlauch ab oder springt ins kalte Becken.

Mehr als heisse Luft

Der Besuch im *Dampfbad* ist ein echter Beauty-Hit. Dampfbäder gibt es in jeder Sauna und manchmal auch im Schwimmbad. Durch das Schwitzen und die milde Hitze (40 bis 45 Grad) verflüssigt sich der Talg und die Poren werden superrein. In vielen Bädern setzt man überdies nicht nur auf Dampf, sondern auch auf Duft. Das sorgt für einen klaren Kopf und neue Frische nach einem anstrengenden Tag. 20 Minuten darf man im Dampfbad vor sich hin schwitzen, also deutlich länger als in der Sauna. Danach am besten unter die kalte Dusche gehen, denn der Warm-Kalt-Reiz macht erst den richtigen Effekt des Schwitzspaßes aus.

Hot Spot

Hamams sind hip und ein Ritual für sich. In den farbenprächtigen Mosaiken der türkisch-arabischen Schwitzbäder kannst du dich wie eine Prinzessin fühlen. Getrennt nach Frauen und Männern geht es, stilecht in ein dünnes Baumwolltuch gekleidet, erst in einen Ruheraum, dessen wohltuendes Geräusch eines plätschernden Brunnens den Alltag vergessen lässt. Darauf folgt ein 25 Grad warmer Raum, wo du dich mit warmem Wasser übergießt und so langsam aufwärmst. Richtig ins Schwitzen kommst du in einem 45 Grad warmen Raum. Am Ende der Zeremonie kannst du im Ruheraum noch ganz traditionell einen heißen, süßen Cay (Schwarztee) genießen.

Beauty-Frage

Nimmt man in der Sauna ab? Tatsächlich wiegt man nach einem Saunabesuch oft bis zu einem Kilo weniger. Leider ist der Gewichtsverlust aber nur von kurzer Dauer. Man wiegt nämlich nur das weniger, was man an Flüssigkeit ausgeschwitzt hat. Schon nach einem großen Glas Mineralwasser hat man das alte Gewicht wieder drauf.

Aromazauber

Ätherische Öle streicheln nicht nur deine Haut, sondern auch deine Seele.

Öle für die Seele

Ätherische Öle sind Duftstoffe, die Pflanzen als winzige Tröpfchen in ihren Blüten, Blättern, Stängeln und Wurzeln einlagern, zum Beispiel, um Insekten anzulocken. In den Ölen steckt die ganze Kraft der Pflanze. Du kannst dich damit in Schwung bringen oder bei Stress beruhigen.
Je nach gewünschtem Effekt wählst du einfach dein Duftöl aus.

Zitrusdüfte heben die Stimmung und fördern die Konzentration.
Holzige Noten beruhigen.
Lavendel hilft gegen Stress und das innere Gleichgewicht zu finden.
Ylang-Ylang beruhigt flatternde Nerven und lässt den Gefühlen – auch einer Liebe – freien Lauf.
Eukalyptus ist nicht nur gut bei Erkältungen, sondern unterstützt zugleich die Kreativität.
Orangen- und **Bergamottöl** besitzen eine aufmunternde Wirkung.
Jasmin verströmt einen besonders betörenden Duft, der gute Laune macht, entspannt und beruhigt.
Neroli hat stark entspannende Wirkung.
Rose lässt Sorgen verpuffen, wirkt aber zugleich auch erotisierend.
Geranie wirkt aufmunternd und entspannend.
Minze erfrischt und hilft gegen Kopfschmerzen.

Wannenwonnen für jede Seelenlage

Aromabäder kannst du fertig kaufen, aber auch selber mixen.

- Für ein sinnliches Beauty-Bad: 10 Tropfen Rosenöl in 2 EL Sahne auflösen und mit 1 Handvoll frischen Rosenblättern ins Badewasser geben.
- Für ein harmonisierendes Bad: 2 EL Honig mit 6 Tropfen Geranie, 2 Tropfen Lavendel und 1 Tropfen Neroli vermischen und ins laufende Badewasser geben.
- Für ein vitalisierendes Bad: 2 EL Sahne oder Honig mit 3 Tropfen Rosmarin, 2 Tropfen Bergamotte und 1 Tropfen Wacholder mixen und ins Badewasser mischen. Schöner Nebeneffekt: Beim Auftauchen ist die Haut samtweich gepflegt.

Glücksbringer

Geruch beeinflusst schneller und stärker die Stimmung als jeder andere Sinnesreiz. Eine Aromalampe verbreitet Wohlgefühl und eine gute Stimmung. Einfach ein paar Tropfen Öl in die Lampe träufeln, Teelicht anzünden und schnuppern – so kommt das Glück durch die Nase. Hier die Hitliste von den Düften, die besonders glücklich machen: Bergamotte, Angelikawurzel, Zedernholz, Mandarine, Mairose.

Extratipp

SOS-Trick: Fühlst du dich schlapp oder lustlos? Einfach einen Tropfen Aromaöl aufs Taschentuch geben und daran riechen.

Du hast etwas Wichtiges vor? Eine Duftkompresse lässt dich blitzschnell frisch und rosig wirken. Dafür ein paar Tropfen eines aufmunternden Duftöls in warmes Wasser träufeln, einen sauberen Waschlappen oder ein Gäste-

handtuch darin anfeuchten, auswringen und fünf Minuten aufs Gesicht legen. Augen schließen und einatmen.
Toll sind Spezialsteine, die du mit ätherischem Öl beträufeln und in die Tasche schieben kannst. Damit lässt sich Anspannung und Stress unterwegs einfach wegschnuppern.

Beauty-Frage

Woran erkennt man gutes Aromaöl?
Achte beim Kauf darauf, dass das Etikett mit der Angabe »100 Prozent reines ätherisches Öl« versehen ist. Am besten sind die Öle aus kontrolliert-biologischem Anbau.

Schon gewusst?

Zur Gewinnung von einem Kilogramm ätherischen Öls benötigt man 200 Kilogramm Pflanzenmaterial. 300 verschiedene ätherische Öle wurden bislang aus Blüten, Blättern, Schalen und Hölzern gepresst.

Schlaf dich schön

Jetzt gibt's noch raffinierte Tipps für streichelweiche Haut und glänzendes Haar im Schlaf und die besten Schlummermittel dazu. Na dann, ab in die Federn und über Nacht schöner werden – himmlisch!

Haut & Haar

- Nachts arbeitet unsere Haut auf Hochtouren. Angegriffene Strukturen werden repariert und fehlende Nährstoffe werden ergänzt. Das musst du ausnutzen.
- Creme, bevor du ins Bett gehst, nicht nur dein Gesicht, sondern auch deinen Körper ein. Das sorgt für streichelweiche Haut und wirkt wie ein wohlig-weicher Pyjama.

- Date in Sicht? Dann trage eine Feuchtigkeitscreme wie eine Maske auf und lasse sie über Nacht einziehen. Für eine Traummähne am nächsten Tag eine Kur im Haar verteilen, Frischhaltefolie und/oder ein Handtuch drumwickeln.

- Klasse Hautschmeichler: Allzweckcreme messerdick auf die Hände oder Füße schmieren, Baumwollhandschuhe oder -strümpfe anziehen und über Nacht einwirken lassen.

Riechen & Schlummern

Einerseits müde, anderseits unruhig und aufgekratzt? Aromen machen schläfrig. Ein warmes Bad mit entspannenden Kräuterzusätzen wie Melisse oder Lavendel sind genau das Richtige, um Alltagsstress abzuschütteln, und lassen dich herrlich schlafen. Lavendelduft auf das Kopfkissen gesprüht lässt dich ebenso ins Land der Träume finden. Ein kleines duftendes Kräuterkissen (zum Beispiel mit Lavendel gefüllt) unter dem Kopfkissen hat denselben Effekt.

Luft & Raum

Dein Körper braucht während des Schlafs viel Sauerstoff, nur dann kann er sich richtig erholen. Öffne vor dem Zubettgehen für zehn Minuten das Fenster (auch im Winter). Überheize auf keinen Fall dein Zimmer. Bei 18 Grad Zimmertemperatur schläft es sich am besten.

Essen & Trinken

Nicht zu spät essen, denn mit vollem Magen schläft man schlechter, und schon gar keine fettigen, schweren Sachen essen. Auch keine Nüsse oder Chips naschen. Verdauen ist harte Arbeit für den Körper. Jetzt, wo er sich schon auf Ruhe eingestellt hat, mag er lieber etwas Leichtes, wie einen Apfel oder eine Banane. Kaffee, schwarzer Tee und Cola putschen außerdem unnötig auf. Gute-Nacht-Tees machen auf gesunde Weise müde. Nicht zu vergessen das alte Hausmittel: heiße Milch mit Honig.

Extratipp

Probleme aufschreiben: Wenn du keine Ruhe findest, weil deine Gedanken Karussell fahren, schreibe sie vor dem Schlafengehen auf. So hältst du sie auf Papier statt im Kopf fest. Am nächsten Tag kannst du dich mit ihnen besser befassen – falls sie dann noch wichtig genug sind.

Beauty-Frage

Wie viel Schlaf braucht man wirklich?
In der Regel braucht man um die acht Stunden Schlaf, um am nächsten Tag fit zu sein. Ebenso wichtig ist ein regelmäßiger Schlafrhythmus. Gehe also so oft wie möglich zur gleichen Zeit ins Bett.

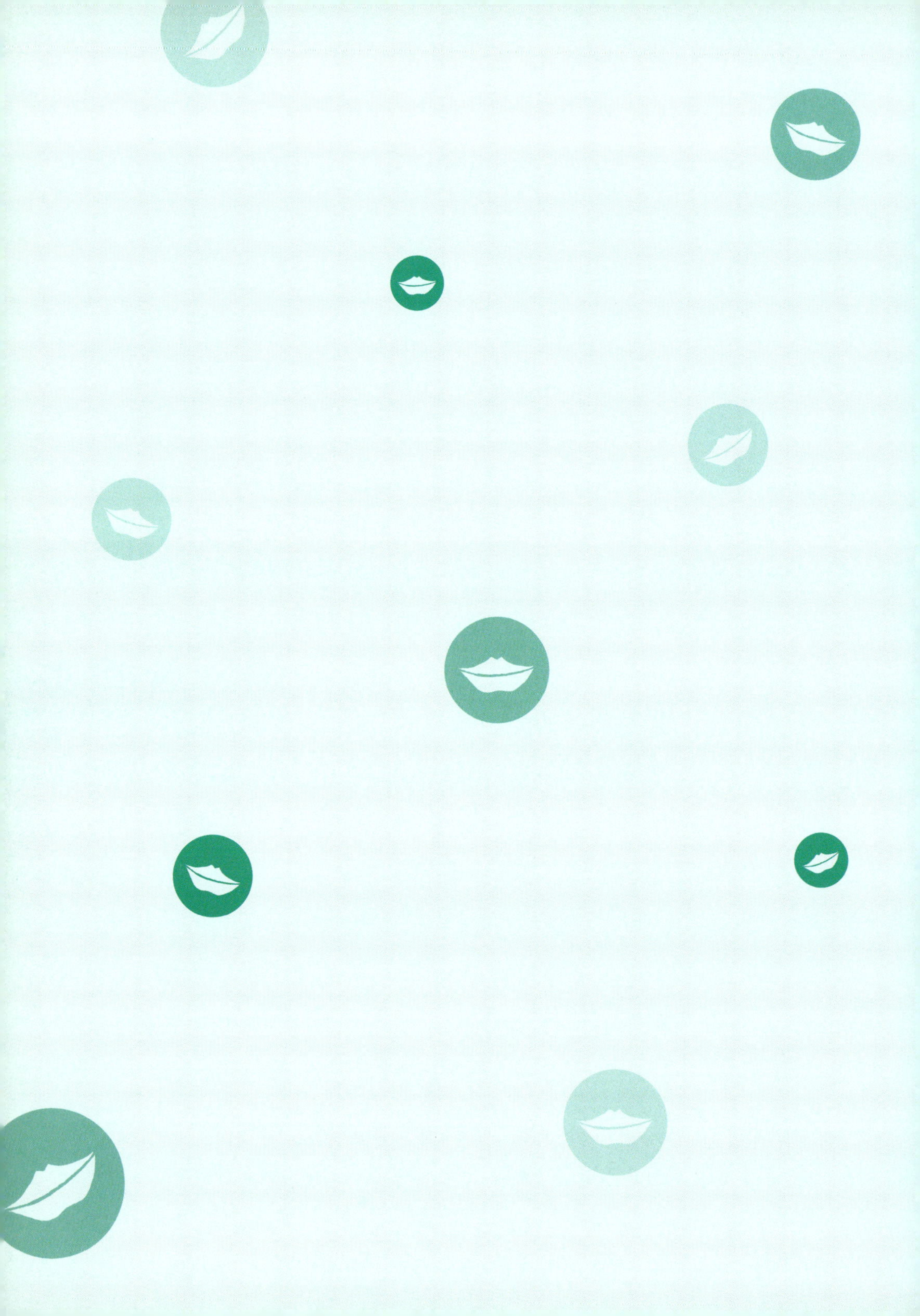

Kapitel 6

Fit for Sport

Fit for Sport

In Bestform

Keine Ausrede, du musst keine Spitzensportlerin sein, um etwas für deinen Körper zu tun. Sport und die richtige Ernährung bringen dich in Bestform. Eine kleine Portion Willenskraft und etwas Durchhaltevermögen dazu, schon wirst du dich topfit und schön fühlen.

Funsport

Spaß beim Trainieren und dabei den Body formen, das bringt's.

- Badminton: Beim Federball kommt die gute Laune nur so angeflogen. Ein toller Nebeneffekt ist, dass durch das Schlägerschwingen die Muskulatur des Oberkörpers toll trainiert wird. Das sorgt für schlanke Arme und einen festen Po. Weil man reichlich Fett verbrennt, macht der Sport auch noch schlank.
- Schwimmen: Echte Wasserratten sind wahre Konditionswunder und haben meist einen knackigen Body. Denn Schwimmen ist ein tolles Ganzkörpertraining, das für straffe Muskeln und eine tolle Haltung sorgt. Nebenbei ist es eine gute Massage für die Haut und wirkt so auch noch gegen Cellulite. Aber: Nicht plantschen, sondern richtig trainieren: 2 x 20 Minuten Rücken- und Brustschwimmen sind optimal!

- Biken: Radfahren sorgt für eine tolle Figur. Wer ein paar Kilos zu viel auf die Waage bringt, kann dabei locker sein Fett loswerden, vorausgesetzt, er tritt ordentlich in die Pedale. Natürlich werden beim Radeln auch alle wichtigen Beinmuskeln trainiert.

- Jogging: Laufen bringt deine Beine auf Trab. Mit 30-minütigem Jogging 2- bis 3-mal in der Woche hältst du deine Beine schlank und durchtrainiert. Jogging-Anfängerinnen steigen so ein: Eine Minute laufen, eine Minute gehen, dann wieder eine Minute laufen. Fünf- bis zehnminütiges Laufen schaffst du so lässig. Dann verlängerst du das Training jedes Mal um eine Minute.

- Inlineskaten: Für Laufmuffel ideal. Alle wichtigen Muskelpartien werden bewegt, Beine und Po gekräftigt. Darum ist Inlineskaten auch das ideale Anti-Cellulite-Training. 30 Minuten täglich reichen da schon.
- Nordic Walking: Die schnelle Gangart mit Stockeinsatz macht Muckis, wo Muskeln sein sollen. Wichtig: Zuerst die Hacke aufsetzen und dann über den ganzen Fuß abrollen. Start in der ersten Woche: zweimal 25 Minuten. Ziel: zweimal 45 Minuten.
- Beach-Volleyball: Der Ballsport auf einem Sandplatz oder am Strand ist Body-Shaping pur. Denn Po- und Beinmuskeln müssen kräftig gegen den Sandwiderstand arbeiten.

Öfter ist besser

Egal, welchen Sport du wählst, diese *grundlegenden Tipps* solltest du immer beachten:

- Der richtige Erfolgskick kommt durch regelmäßiges Training. Es ist besser, feste Zeiten einzuplanen und dreimal in der Woche zu trainieren. So kannst du dich langsam an die Sportart gewöhnen. Dich nur einen Tag total auszupowern, nützt gar nichts.
- Immer vorher aufwärmen! Dafür einige Minuten schnell auf der Stelle gehen und den Körper dehnen. Einen Fuß am Knöchel anfassen und

Richtung Po ziehen. Dann Grätschstellung und für 15 Sekunden den Oberkörper nach vorne beugen. Jetzt noch einen Arm über die Schulter nach hinten auf den Rücken nehmen und mit der anderen Hand den Ellbogen nach unten drücken. Dann Seite wechseln. Alle Übungen öfter wiederholen.

- 
  Nie abrupt aufhören, sondern langsam auslaufen und zum Abschluss noch mal kräftig dehnen (s. oben). Ein heißes Bad oder eine warme Dusche nach dem Sport beugt Muskelkater vor.
- Bei vielen Sportarten läuft nichts ohne die richtige Schutzkleidung. Helm und Gelenkschoner können richtig cool aussehen. Fürs Joggen gilt: weg mit den Straßensneakers und richtige Laufschuhe tragen.
- Beim Sport verlierst du pro Stunde bis zu 1 Liter Schweiß und damit auch jede Menge Mineralien. Das schadet nicht, solange du vorher und nachher ausreichend trinkst, z. B. Fruchtschorle oder stilles Mineralwasser.

- Auf Make-up solltest du beim Sport besser verzichten. Puder, zum Beispiel, verklumpt mit dem Schweiß. Dann kann die Haut nicht atmen, und es bilden sich Unreinheiten.

8 gute Gründe, Sport zu treiben

1. Zu einer guten Figur gehört auch ein straffer Körper.
2. Bewegung baut Stress ab.
3. Sport schafft eine gute Haltung.
4. Er zaubert einen klaren Teint.
5. Das Immunsystem wird gestärkt.
6. Bewegung hilft zu entschlacken.
7. Man kann nette Leute beim Sport kennenlernen.
8. Sport macht schön.

Fitness-Food

Kartoffeln, Nudeln, Reis und Brot enthalten Kohlehydrate, die wichtigste Energiequelle bei sportlicher Belastung. Wer viel Sport treibt, hat aber auch einen höheren Bedarf an Vitaminen, vor allem an Vitamin B und C. Darum solltest du regelmäßig frisches Gemüse, Obst und Salat essen.

Sport macht happy!

Erst überflutet das Hormon Serotonin dein Gehirn mit Glück. Wenn du etwas schneller läufst, sorgt ACTH für einen kristallklaren, wachen Kopf. Im dritten Gang übersprudeln dann Endorphine deinen ganzen Körper mit Fröhlichkeit. Achte beim nächsten Training mal drauf.

Schon gewusst?

Nicht nur beim Sport werden Kalorien verbrannt. Bei regelmäßigem Training erhöht der Körper seinen Stoffwechsel, sodass du auch in sportfreien Stunden mehr Kalorien verbrauchst.

Beauty-Frage

Warum haben Frauen weniger Muskeln als Männer?
Das liegt daran, dass Frauen weniger von dem männlichen Geschlechtshormon Testosteron produzieren. Es ist für den Aufbau der Muskeln zuständig. Außerdem wird bei Frauen generell eher Fett abgebaut als Muskeln aufgebaut.

Body-Forming

Bikinibauch, Knackpo, schönes Dekolleté, tolle Arme und Beine – hier kommt das Spezialprogramm für jede Kurvenlage. Wer will, kann damit ganz spezielle Muskelzonen trainieren und ungeliebte Pölsterchen an Problemzonen gezielt abbauen.

Übung für straffen Po

So machst du deine Kehrseite zum Blickfang: Leg dich flach auf den Rücken, die Arme seitlich vom Körper. Beine anwinkeln und die Füße dabei aufstellen. Nun presst du die Pobacken ganz fest zusammen und drückst das Becken mindestens zehn Zentimeter vom Boden hoch. Die Schulterblätter bleiben am Boden liegen. Bis fünf zählen und den Body wieder runterlassen. Die Übung täglich 10-mal wiederholen. Schon nach zwei Wochen siehst du die ersten Erfolge!

Extratipp

Wechselduschen! Mit diesem Toptraining fürs Bindegewebe kannst du nicht nur das Gewebe festigen, sondern auch Cellulite und Dehnungsstreifen am Po vorbeugen. Wichtig: Immer mit dem kalten Strahl aufhören.
Weiterer Trick für Knackpo gefällig? Jede Poseite nach dem Duschen eine Minute lang mit einem Massagehandschuh in kleinen Kreisen massieren.

Gym für flachen Bauch

Das »Sit-up« für ein Vorzeigebäuchlein funktioniert beinahe auf jedem Stuhl. Du setzt dich mit geradem Rücken hin, rutschst mit dem Po ans vordere Ende des Stuhles und hältst dich mit den Händen an den Stuhlecken fest. Jetzt ziehst du die Knie in Richtung Brust, ohne dabei wackelig zu werden. Die Bewegung muss allein aus dem Bauch kommen. Täglich zwei dieser Sets mit 15 Wiederholungen sorgen schnell für eine straffere Mitte.

Extratipp

Zupfmassage! Dieser kleine Kniff wirkt Wunder und rüttelt zusätzlich die Problempartie in der Körpermitte auf. Dafür die eingecremte Haut zwischen Taille und Hüfte sowie rund um den Bauchnabel mit dem Daumen und Zeigefinger anheben und loslassen. So lange zupfen, bis die Haut gut durchblutet ist. Den gleichen Effekt bringt ein Massageroller mit Noppen. Erst eine Minute in Längsrichtung rollen, dann eine Minute quer. Das kannst du auch unter der Dusche machen.

❀ ❀ ❀ Treppensteigen ist ein prima Bauchtraining, denn beim Beineheben sind die unteren Bauchmuskeln gefordert. ❀ ❀ ❀

Training für einen tollen Busen

Die Übung für ein super Dekolleté ist echt kinderleicht.

Die Ellenbogenpresse ist ein prima Muskelstraffer. Dafür die Hände vor der Brust zusammenführen. Die Ellenbogen dabei waagerecht halten. Jetzt die Hände 15 bis 20 Sekunden zusammenpressen, dann wieder lösen. Das Ganze 20-mal wiederholen.

Extratipp

Eskimo-Dusche! Auch wenn es Überwindung kostet, solltest du die Brust morgens mit kaltem Wasser abduschen. Und zwar jede Busenseite etwa 20 Sekunden lang. Damit hältst du das Gewebe auf Dauer schön fest. Massierst du unter der Dusche die Haut vorher sanft mit einem Massagehandschuh, sorgst du nebenbei noch für zarte Haut am Dekolleté.

Styling für Traumbeine

Diese Übung macht dich fit für die Minirock-Saison.

In Grätschstellung gehen. Die Knie dürfen nicht über die Füße hinausragen. Den Oberkörper gerade halten, Po und Bauch anspannen und die Hände locker auf die Oberschenkel legen. Jetzt langsam auf- und abbewegen, dabei die Spannung halten. Am Anfang in drei Sets à 8-mal üben, dann steigern.

Extratipp

5-Minuten-Massage! Deine Schenkel kannst du zusätzlich mit einer Massage aus der »hohlen« Hand festigen: Dafür beide Hände parallel und mit kleinem Abstand auf die Außenseite deiner Schenkel legen. Lass nun die Finger mit leichtem Druck kreisen. Vom Knie zur Hüfte wandern. Die Haut wird toll durchgeknetet, durchblutet und Gewebeverdickungen werden gelöst. Dann nimmst du die Haut der Innenschenkel zwischen Daumen und Finger und streichst sie sanft nach oben hin aus, bis sie rosig wird. Auf die Weise kurbelst du den Abtransport der Schlackestoffe an.

Hanteln für perfekte Arme

Stell dir vor, mit deinen Schulbüchern kannst du dir Traumarme antrainieren.

Du streckst die Arme auf Schulterhöhe zur Seite hin aus und bewegst sie zuerst in kleinen Kreisen, eine Minute im und eine Minute gegen den Uhrzeigersinn. Danach legst du zwei gleich schwere Bücher auf die Handinnenflächen. Die Arme wieder ausstrecken und drei Minuten lang langsam vor- und zurückschwingen. Bei täglich konsequentem Training können sich deine Arme bald in Trägertops sehen lassen.

Extratipp

Creme-Massage! Nach der Übung noch eine Bodycreme auf den Armen verteilen und sie in kreisenden Bewegungen und unter sanftem Druck des Handballens einmassieren.

Cellulite-Alarm

Egal, ob dick oder dünn, jedes Mädchen kann Cellulite bekommen. Das ist eine angeborene Bindegewebsschwäche, bei der sich Fettzellen durch das lockere Bindegewebe nach oben drücken. Die noppigen Fettablagerungen, ähnlich einer Orangenschale, treten besonders an Oberschenkeln und Po auf. Kleiner Trost: Selbst Supermodels bleiben nicht verschont. Cellulite tritt aber umso schwächer auf, je weniger Fettzellen an den Problemzonen sitzen.

So geht's glatt

Wer Dellen den Kampf ansagen will, darf sie nicht in Ruhe lassen. Mit regelmäßiger Bewegung kannst du Cellulite in den Griff bekommen. Gezieltes Training von Bauch und Po baut die Muskulatur in den Problemzonen auf und mehr Fett wird verbraucht. Mit Massagen hältst du die Haut ebenfalls geschmeidiger und glatter – die Dellen sind dann viel weniger sichtbar.

10 Cellulite-Sünden

1. Fettes Essen plustert Fettzellen bis Bohnengröße auf. Besser: frisches Gemüse, Fisch, Naturreis und Salat.
2. Zu viel Kaffee bremst den Fettabbau. Zum Entschlacken: 2 Liter Mineralwasser, Obstschorle oder Kräutertee täglich.

3. Stark salzhaltige Speisen speichern Wasser im Gewebe. Tipp: Zinnkraut- und Ringelblumentee entwässern.
4. Ballastarme Ernährung blockiert die Verdauung. Besser: Vollwertkost.
5. Enge Strumpfhosen und Hosen behindern die Mikrozirkulation und machen die Haut schlapp. Besser: nicht ständig tragen.
6. Weiche Sessel und Sofas lassen das Pogewebe erschlaffen.
7. Nikotin schwächt das Bindegewebe. Tipp: Lieber Kaugummi kauen, statt zu rauchen.
8. Schoko-Orgien, dadurch vergrößert neben Fetten auch Zucker die Fettzellen. Besser: öfter mal Früchte naschen.

9. Nulldiäten verschlechtern die Durchblutung im Unterhautgewebe und genau da sitzt die Cellulite.
10. Frittierte Sachen wie Chips, Pommes und Krapfen triefen nur so vor Fett. Besser: Nüsse knabbern.

Beauty-Frage

Stimmt es, dass nur Frauen Cellulite bekommen?
Ja, Männer kennen die unschönen Dellen so gut wie gar nicht. Das liegt an ihrer Hautstruktur. Während das männliche Gewebe wie eine Art Gitter kreuzartig vernetzt ist, liegen die Gewebestränge bei der Frau parallel nebeneinander.
Der Grund: Die Haut muss sich bei einer Schwangerschaft enorm dehnen können. Allerdings können sich so wachsende Fettzellen zwischen den Kollagenfasern hindurchzwängen und werden an der Oberfläche sichtbar.

Speisezettel für Figurbewusste

Wer rundherum zu viele Pfunde draufhat und ein paar Kilos wegzaubern will, erreicht das am besten mit einer Kombination aus Sport und einer bewussten Auswahl von gesunden Nahrungsmitteln.
Probier's aus! Zwei Wochen lang weniger Fleisch und viel frisches Gemüse, Obst und Hülsenfrüchte essen.

- Morgens vor dem Frühstück ein Glas warmes Wasser mit dem Saft einer halben Zitrone und nach 22 Uhr nichts mehr trinken.
- Starke Geschmackserlebnisse wie z. B. Spaghetti all'arrabbiata, Grapefruitsaft und Rhabarber tricksen Hungergefühle aus. Generell gilt: Je langsamer man isst, desto eher verspürt man ein Sättigungsgefühl.
- Bei Heißhungerattacken die Zähne putzen. Der frische Geschmack schützt vor Hunger auf Süßes.
- Die Lieblingsfrucht der Models ist die Artischocke. Der Alleskönner für die Figur fördert die Entschlackung, wirkt direkt auf den Fettstoffwechsel ein und sorgt dafür, dass überschüssiges Fett ausgeschieden wird.
- Finger weg von Radikaldiäten. Damit schadest du dem Körper mehr, als du gutmachst. Das Brustgewebe, zum Beispiel, reagiert auf große Gewichtsschwankungen äußert empfindlich. Lieber langsam abnehmen als einen Hängebusen riskieren. Allzu leicht gerät man bei einem Diätwahn in Essstörungen, die in Magersucht oder Bulimie enden.

Wahr ist ...

... dass Diäten oft zu zum »Jo-Jo-Effekt« führen. Aus Angst vor neuen Hungerzeiten legt sich der Körper nach der Diät extra mehr Fettreserven an.
... dass ein Reistag in der Woche alle Kaloriensünden wettmacht.
... dass ohne Bewegung fast nichts läuft!

Unwahr ist ...

... dass Schlankheitspillen eine gute Figur machen. Sie drosseln den Appetit und entwässern, wirken aber nicht gegen Fettpölsterchen.
... dass weniger Mahlzeiten Pölsterchen abbauen. Ohne Frühstück z. B. gerät die Verdauung durcheinander.

Beauty-Frage

Wie errechnet man sein Idealgewicht?
Ob dein Gewicht im Normalbereich liegt, kannst du mit dem BMI (Body-Mass-Index = Körper-Gewicht-Messwert) prüfen. Er errechnet sich folgendermaßen:

$$\frac{\text{Körpergewicht}}{(\text{Körpergröße})^2} = \text{BMI} \qquad \text{Beispiel:} \quad \frac{56\ \text{kg}}{1{,}60\ \text{cm} \times 1{,}60\ \text{cm}} = 21{,}8\ \text{BMI}$$

BMI	20 – 25	=	Normalgewicht
	25 – 30	=	Übergewicht
	über 30	=	Fettsucht

Aber bedenke bitte, jeder Mensch hat von Geburt an ein bestimmtes Gewicht genetisch vorprogrammiert. Wenn du mit deinem Körper im Einklang bist, dich vernünftig ernährst und dich regelmäßig bewegst, stehen die Chancen gut, dass du auch ohne Kalorienzählerei dein Idealgewicht hältst.

Kapitel 7

Power für dein Ego

Power für dein Ego

Schluss mit schüchtern

Jetzt gibt es jede Menge Tipps, wie du deine Persönlichkeit optimal unterstreichen kannst. Denn auf die Optik allein kommt es nicht an.

7-Tage-Ego-Training

Feuchte Hände, roter Kopf und weiche Knie – das war gestern. Mit dem 7-Tage-Plan kannst du das scheue Reh in dir aus der Reserve locken und dir Selbstvertrauen antrainieren.

Montag

Leg ein »Schüchternheits-Tagebuch« an und halte fest, was dich aus der Fassung bringt. Denn wer seine kleinen Schwächen kennt, bekommt sie auch besser in den Griff.

Dienstag

Geh auf eine Schulkameradin zu, die genauso schüchtern ist wie du, und fange ein Gespräch an. Sie wird dir dankbar sein und du wirst dich gut fühlen.

Mittwoch

Bewerbe dich bei einem Schulprojekt oder suche dir einen Verein, um neue Kontakte zu knüpfen.

Donnerstag

Mach eine Liste mit typischen Anfangssätzen für Gespräche und übe sie ein (wer will, stellt sich beim Trainieren vor den Spiegel). Schon nach kurzer Zeit wirst du die Sätze beherrschen und nie mehr nach Worten suchen müssen.

Freitag

Raus aus dem Schneckenhaus. Verabrede dich mit ein paar Freunden fürs Kino.

Samstag
Frag bei einer Shoppingtour fremde Leute nach dem Weg und wünsche der Verkäuferin ein schönes Wochenende, so trainierst du den Umgang mit Menschen.
Sonntag
Pikse Bilder oder Stichworte von deinen Vorhaben oder Wünschen an deine Pinnwand. Schau bei jedem Vorbeigehen darauf. So steigerst du ganz automatisch deine Zielstrebigkeit und dein Selbstwertgefühl.

Vom Mauerblümchen zum Powergirl

So kommst du mit Tricks zu neuem *Selbstbewusstsein*:

- No zu Negativsätzen: Gedanken wie »Ich bin zu dick ... zu langweilig ... zu dumm« und Sätze wie »Ich kann das nicht« und »Ich weiß auch nicht« sind pures Gift. Nimm einen Stift und mal dir jedes Mal einen Strich auf die Hand, wenn du so etwas sagst oder denkst. Am Abend schickst du dann die Striche und Gedanken beim Händewaschen zu den Fischen.
- Schaff ein positives Selbstbild von dir. Stell dir vor dem Einschlafen und kurz vor dem Aufstehen viele freundliche Stimmen vor, die dir »Du bist schön« zuflüstern. Mit der Zeit wirst du dich tatsächlich schöner und selbstbewusster fühlen.
- Lächle. So kannst du es lernen: Gönne deinem Spiegelbild jeden Morgen ein freundliches Lächeln. Dabei tief durchatmen und an etwas Schönes denken. Dein Spiegelbild strahlt zurück und lässt dich gleich viel hübscher aussehen.
- Behalte ein süßes Geheimnis oder eine kleine Schwärmerei für dich. Jeder Gedanke daran lässt dich still in dich hineinlächeln. Das sorgt für schöne, weiche Gesichtszüge und macht dich für andere richtig interessant.

Angst vor Blickkontakt? Konzentriere dich bei deinem Gegenüber auf den Punkt zwischen den Augenbrauen!

Kopf hoch

Schüchterne neigen dazu, sich klein zu machen – auch körperlich. Ein gehobener Kopf, ein gestreckter Nacken, ein gerader Rücken, ein schöner und nicht schleppender Gang, damit gewinnst du nicht nur optisch an Größe. Mit diesem Trick der Fotomodelle kannst du dir eine gute Haltung antrainieren: Hinstellen, den Oberkörper locker nach vorn fallen lassen, ein paar Sekunden so bleiben, dann langsam von unten nach oben hochrollen, wobei du Kopf und Nacken zuletzt aufrichtest. Was herauskommt? Eine ideale Model-Haltung mit nach vorn gekipptem Becken, angespanntem Bauch und Po, heruntergedrückten Schultern und geradem Hals. Jetzt so oft üben, bis es ganz von allein klappt. Mit einem Buch auf dem Kopf durch die Gegend stolzieren hilft auch!

Flirten erlaubt

Zu schüchtern für einen Flirt? Schon mal was von Körpersprache gehört? Mit diesen Gesten kannst du ihm zeigen, dass du in Flirtlaune bist: Zuerst spielst du »gedankenverloren« mit einer Haarsträhne und schaust deinen Schwarm dabei an. Dann streichst du deine Haare zurück und zeigst ihm dein Gesicht. Das signalisiert ihm, dass du ihm gegenüber offen bist. Wenn du jetzt noch deine Frisur zurechtzupfst, verrät ihm das: Du willst ihm gefallen! Findet er dich gut, wird er mit der gleichen Geste antworten. Jetzt die Gelegenheit nutzen und ihn vielleicht um sein Handy bitten, weil du deines vergessen hast und eine ganz dringende SMS loswerden musst.

Seelenschoko

Wenn dir an »Miesepeter-Tagen« mal alles trist erscheint, bringen diese Helfer deine Laune wieder auf Hochtouren:
Eine Tasse heiße Schokolade nach einem langen Spaziergang macht glücklich.

Das ist wissenschaftlich bewiesen: Kakaoextrakte steigern die Produktion der Glückshormone. Ein Hit für gute Laune sind auch Paranüsse und Bananen.
Der Duft von Vanille schenkt Wohlgefühl. Denn das Aroma gelangt durch die Nase direkt ins Gehirn.
Rosen zaubern Schwung und neue Energie. Kopfüber getrocknete und mit Haarlack konservierte Blüten sorgen jedes Mal für einen glücklichen Moment, wenn dein Blick darauf fällt.
Singen, egal, ob unter der Dusche oder im Chor, hebt die Laune. Stress in der Schule oder mit dem Freund? Stereoanlage aufdrehen und durch dein Zimmer tanzen. Das befreit und macht euphorisch.
Meditation ist der schnellste Weg zu gelöster Stimmung. Setz dich in einen dunklen Raum vor eine Kerze und schau, sobald die Gedanken abschweifen, ins Zentrum der Flamme.

Herumalbern und Kichern ist noch immer die beste Medizin.
Täglich 15-mal lachen, das sollte deine goldene Regel sein. Also schnapp dir deine Freundin und habt richtig Spaß!

Schon gewusst?

60 Sekunden dauert es, bis die erste Wut verflogen ist. Mit Buddhas Lächeln geht's noch leichter. Fixiere einen Gegenstand im Raum und lächle diesen freundlich an. Ein ideales Ablenkungsmanöver, das den Schalter im Gehirn umlegt.

Fit for fashion

Immer mit der Mode gehen? Jeden Trend mitmachen? Das musst du nicht, wenn du deinen eigenen Stil gefunden hast. Aber manchmal macht es auch Spaß, etwas Neues auszuprobieren und ein bisschen mutig zu sein. Probier einfach aus, was dir steht und in welchen Klamotten du dich wohlfühlst!

Styling-Tricks mit Sofortwirkung

Bist du groß, klein, eher mollig oder dünn? Hier kannst du erfahren, was dir steht.

Rund – na und?

Auch üppige Formen sind schön. Lerne, die Sinnlichkeit deines Körpers zu betonen. Du kannst es dir leisten, oben viel Haut zu zeigen. Mit einem schönen Dekolleté lenkst du spielend von den weniger attraktiven Rundungen weiter unten ab. Klar kannst du auch mal enge Tops oder Kleider tragen. Zieh einfach einen Blazer oder eine Jeansjacke drüber.

- Generell solltest du zu schlichten Schnitten greifen, die optisch strecken.
- Gut sind auch weich fallende Stoffe, die nicht auftragen.
- Kleine Muster machen schlanker. Unruhige, große Muster sind eher ungünstig.
- Achte auf eine lockere Taille, aber versuche nicht, deine Pfunde unter überweiter Zeltkleidung zu verbergen.
- Du kannst auch Mini tragen. Wähle einen dunklen Farbton und trage dazu Strümpfe Ton in Ton, das wirkt streckend. Und dunkle Strümpfe machen ohnehin schlankere Beine.
- Stiefel kaschieren dicke Waden und sind selbst im Sommer trendy!
- Ein Look in Schwarz ist sowieso der absolute Schlankmacher.

Dünne Bohnenstange – von wegen

Zierlich gebaut? Sei stolz, viele Mädchen versuchen alles, um eine Figur wie deine zu bekommen. Outfits und Stoffe, die an den meisten Mädchen wuchtig wirken, kommen bei dir toll zur Geltung. Natürlich kannst du auch verführerische, körperbetonte Kleidung tragen. Am besten wählst du Tops mit poppigen Mustern oder kräftigen Farben und bindest einen Gürtel um die Taille. Das zaubert weiblichere Konturen.

- Perfekt sind für dich alle verspielten Oberteile mit weiten Ärmeln, vielen Rüschen, Raffungen und Tops mit Brusttaschen, die deine Oberweite üppiger wirken lassen.
- Klasse sind auch gemusterte Hosen, da das Muster optisch aufträgt. Finger weg von Stretchhosen, sie machen Storchenbeine.

- Mit süßen Söckchen verdeckst du trendy deine schmalen Knöchel.
- Mit einem großen Kragen »motzt« du im Nu deine schmale Schulterpartie auf.
- Mit breiten Halsausschnitten kannst du auch prima tricksen. Sie verbreitern die Schultern und den Oberkörper optisch. Vorsicht bei schulterfreien Tops – sie können dich noch dünner erscheinen lassen.

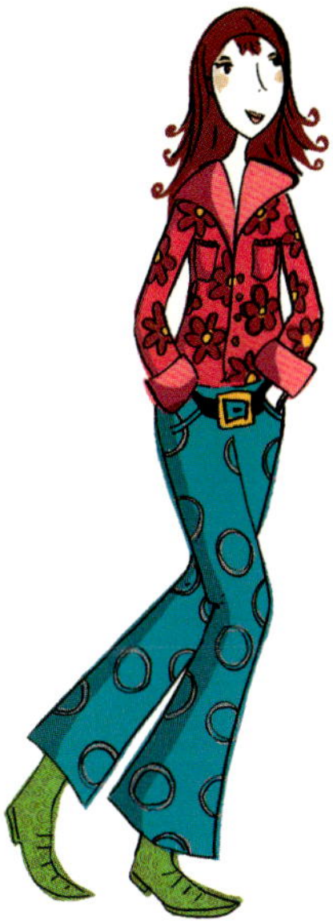

EXTRATIPP

Schau dich in der Teeny-Abteilung von Kaufhäusern um, dort findest du trendy Fashion, die dir garantiert passt.

KLEIN, ABER OHO!

Tatsache ist, die erfolgreichsten Stars sind oft die kleinsten. Also, Schluss mit den Komplexen und rein ins richtige Outfit. Damit kannst du dich nämlich lässig »größer mogeln«.

- Schuhe mit etwas Absatz bringen gleich drei bis vier Zentimeter. Aber: Extrem hohe Absätze besser meiden, damit stimmen deine Proportionen nicht mehr und dein Oberkörper wirkt zu kurz.
- Hosen oder Röcke in dunklerer Farbe, kombiniert mit helleren Oberteilen, lassen deine Beine länger wirken.
- Längsstreifen im Top verlängern den Oberkörper optisch zusätzlich.
- Einfarbige Outfits lassen dich ebenfalls größer wirken, weil es keine optische Unterbrechung gibt.
- Kurze Blousons und taillierte Jacken sind günstig. Lange, weite Jacken lassen dich kleiner wirken, als du bist.

Ebenso große Tücher, wuchtige Kragen und Tops mit wattierten Schultern.
- Für kleine, schlanke Mädchen sind Miniröcke super.
- An kleinen, molligen Girls sehen schmale Röcke, die knapp über dem Knie enden, am besten aus.
- Stretchstoffe strecken optisch.
- Wenn Muster, dann klein und dezent. Große, überdimensionale Muster erschlagen oft.

Gross ist hip!

175 Zentimeter und mehr? Fühl dich als Model, schließlich besitzt du Laufsteg-Größe.
Wer außer dir kann sich so etwas Auffälliges wie Designerteile leisten? Sie sehen ja nur bei großen Girls wirklich gut aus. Im bodenlangen Mantel würden kleine Mädchen ja regelrecht versinken.

- Bei langen Beinen wie deinen wirken aber auch Minis und Shorts superattraktiv.
- Toll sind auch ärmellose Oberteile, die deine schönen langen Arme noch mehr betonen.
- Verrückte Muster und Schnitte, das können sich nur große Girls wie du erlauben.
- Längsmuster lassen dich allerdings noch größer erscheinen.
- Jacken, Blazer und Blusen sollten mindestens bis zur Hüfte reichen. Vorsicht vor zu kurzen Tops, sie können leicht wirken, als wären sie zu klein.
- Sneakers sind für dich wie geschaffen. Aber einfarbige, helle Schuhe können bei großen Größen leicht wie U-Boote aussehen.

Tricks für jede Figur

- Großer Busen: Wenn du Haut zeigen willst, sind ovale oder V-Ausschnitte ideal. Achte auch auf hochwertige Stoffe und Brustabnäher, damit deine Kleidung optimal sitzt.
- Kleiner Busen: Farbe und Muster sind besser als Uni-Teile. Rüschen und Querstreifen machen was her. Ein BH mit gepolsterten Körbchen täuscht zusätzlich mehr Fülle vor.
- Wenig Taille: Taillierte Tops, Kleider, Jacken und Gürtel stylen dir Kurven.
- Feste Beine: Bei kräftigen Oberschenkeln solltest du eng anliegende Stretchjeans meiden. Deine Hosen sollten an Hüfte und Taille perfekt sitzen, aber an den Oberschenkeln locker geschnitten sein.
- Breite Hüften: Prints im Oberteil lenken ab und schmeichelnde Schnitte in A-Linie verstecken die Problemzone. Minis ja, aber nur in Kombination mit einem hüftlangen Oberteil.
- Runder Po: Bei einem großen Po immer Hosen mit Taschen am Gesäß tragen, das gibt Kontur und eine schlankere Form. Schwarz mogelt Pfunde weg. Muster tragen auf. Helle Jeans machen mollig, dunkle strecken.

Colour up your Life

Lust auf etwas mehr Farbe im Kleiderschrank? Bestimmt willst du wissen, welche Farben dir am besten stehen.

Hast du blasse Haut und helle Augen? Wähle Tops in warmen Tönen wie helles Orange, leuchtendes Grün oder strahlendes Rot. Sie lassen deine Haut frisch aussehen. Farben wie Grau, Weiß und Blau gehören zur Gruppe der kalten Farben und lassen dich blasser erscheinen.

Du bist blond, brünett bis braunhaarig und besitzt einen frischen Teint? Dann stehen dir alle kühlen Farben mit einem Blaustich wie Meeresblau oder Pistaziengrün super, aber auch Pastelltöne wie Rosa und zartes Gelb. Verzichte besser auf tomatenrote und quietschgelbe Teile. Sie gehören zu den warmen Farben, die nicht sehr vorteilhaft für dich sind.

Bist du ein rothaariger Typ mit vielen süßen Sommersprossen? Ideal sind für dich Braun, Grün, Beige, Gelb und Orange. Von Blau- und Grautönen und Rosa solltest du besser die Finger lassen, es sei denn, du kombinierst es mit einem Top in deiner Idealfarbe.

Sind deine Haare schwarz wie Ebenholz und dein Teint weiß wie Schnee? Optimal sind für dich flippige Oufits in kalten und knalligen Farben wie Pink, sattes Grün, Rot, leuchtendes Blau und Schwarz. Alle warmen und gedämpften Farben wie Lachs, Beige oder Braun solltest du besser aussortieren.

Je nachdem, in welcher *psychischen Verfassung* man ist, harmonisiert man mit einer Farbe mehr, während man eine andere ablehnt. In Stresszeiten umgibt man sich gerne mit beruhigendem Blau oder Grün. Fühlst du dich glücklich und bist verliebt, wirst du vermutlich das »actionreiche« Rot oder Gelb bevorzugen.

Extratipp

Zum Shoppen richtig anziehen: Schuhe und Klamotten tragen, die sich schnell an- und ausziehen lassen.
Größencheck: Obwohl 38 draufsteht, ist es doch manchmal 40 oder umgekehrt. Die Größen deiner Lieblingslabel am besten im Kopf haben.
Anprobe: Vorsicht vor Spiegeln, die schlank machen. Die Verkäuferin fragen, ob du rausgehen darfst. Dann kannst du ins Schaufenster schauen und prüfen.

Schöne Sticheleien

Piercing, Body-Painting & Co. – nun kommt Schmuckes für den Körper!

Piercing

Hier wird ein Schnitt ins Gewebe gemacht und ein Stift oder Ring eingefädelt, der bis zum Abheilen in der Wunde bleibt. Dadurch wächst die Haut nicht zusammen, sondern bildet um den Schmuck eine Art Kanal. Bei Zungen- und Nasenpiercings geht das Abheilen schnell. Bei Nabelpiercings kann das bis zu einem halben Jahr dauern, weil das Gewebe am Bauch einen starken Druck auf die Wunde ausübt. Frische Piercings können sich leicht entzünden und brauchen darum konsequente Pflege. Du musst mindestens zwei Wochen lang täglich ein spezielles Desinfektionsmittel auftragen und anschließend bis zum Ausheilen eine fettfreie, desinfizierende Creme verwenden. Bei starken Entzündungen und Schmerzen solltest du sofort zum Arzt gehen.

Wichtig zu wissen:

Bei zu flach gestochenen Piercings kann sich kein Kanal bilden, dann wächst der Schmuck aus. Durch unsachgemäßes Stechen können Nerven durchtrennt werden. Ein Augenbrauenpiercing ist besonders riskant. Gute Piercing-Studios informieren dich über die Risiken und sollten dem Piercing-Verband angehören. Einwegkanülen und -handschuhe, sterile Verbände und ein eigener Behandlungsraum sind außerdem ein absolutes Muss.

Um Allergien auszuschließen, sollte dein Piercing-Schmuck kein Nickel oder Kobalt enthalten. Am sichersten sind Titan oder Platin. Vergiss nicht, wenn du noch nicht volljährig bist: Ohne Einverständniserklärung deiner Eltern darf nicht gepierct werden.

Tattoos

Beim Tätowieren werden Farbpartikel mit einer elektrischen Nadel unter die obersten Hautschichten gespritzt, wo sie sich dauerhaft einkapseln. Also: Vorher gut überlegen. Echte Tattoos sind eine Entscheidung fürs Leben.

Wichtig zu wissen:

Bevor du dir ein Tattoo machen lässt, solltest du dir Arbeitsproben ansehen und eventuell Empfehlungen einholen, zum Beispiel bei den »Deutschen Organisierten Tätowierern«. Das Studio muss mit

absoluter Hygiene arbeiten, Einwegwerkzeuge, Sterilisiersysteme und wirklich spitze Nadeln verwenden.
Das alles verhindert Krankheitsübertragung und Entzündungen.
Da die Farbpigmente nach dem Tätowieren durch das Lymphsystem ausgeschieden werden können, zeigt sich das endgültige Ergebnis meist erst nach zwei Monaten. Eventuelles Nachstechen sollte im Preis inbegriffen sein.

Temptoo

Das ist die Abkürzung von »Temporary Tattoo«, einem Tattoo auf Zeit. Hier verwendet der Tätowierer chemisch instabile Farbpigmente, die sich mit der Zeit auflösen. Das heißt, die gestochene Tätowierung verblasst wieder und ist im Normalfall nach zwei bis sieben Jahren ganz verschwunden.
Wichtig zu wissen:
Es gelten alle Vorsichtsmaßnahmen wie beim richtigen Tätowieren (s. oben). Weil Temptoos höchstens vier Millimeter tief gestochen werden, kann das Kunstwerk leicht unklar wirken und nach einiger Zeit ausgeblichen aussehen.

Permanent-Make-up

Darunter versteht man Lidstriche, Lippenkonturen, gestrichelte Brauenhärchen, die wie beim Temptoo gestochen werden, über Monate halten und nach und nach verblassen.
Auch hier gilt: Das Studio gut auswählen. Empfehlungen einholen und sich nur in die Hände von erfahrenen Visagisten begeben. Es gibt nämlich Risiken: Farbtöne, die nicht zu deinem Typ passen, unklare oder gar schiefe Linien und Farbreste, die für immer in der Haut bleiben.

Beauty-Frage

Wie bekommt man Tattoos wieder weg?
Tätowierungen kann man chirurgisch entfernen lassen, indem man die Farbpigmente mit Laserstrahlen aufsprengt oder die Haut abschleift (Dermabrasion). Kleine Tattoos können auch per Skalpell herausgeschnitten werden. Allerdings drohen dabei Narben.

Mehndis

Seit Jahrtausenden bemalen Frauen im Orient, in Indien und Nordafrika zu festlichen Anlässen ihre Haut mit Henna. Der rötliche Farbstoff aus den pulverisierten Blättern des Hennastrauches verschwindet nach 5 bis 14 Tagen von selbst vollständig. Traditionell trägt man eine Paste aus Hennapulver und Flüssigkeit mit dünnen Stäben aus Holz oder Metall auf. Geübte Malerinnen zeichnen die Muster mit freier Hand. Mit Schablonen und fertiger Hennapaste kannst du dir den »Hochzeitsschmuck« sogar selbst zaubern. »Mehndi« ist Hindi und heißt Henna und gleichzeitig Henna-Malerei.

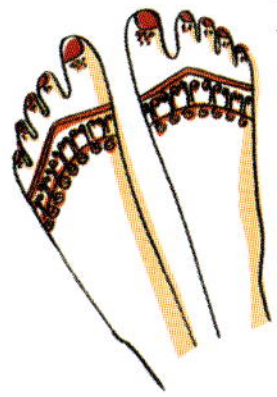

Schönheitsoperation

Toller Busen, kleines Näschen, runder Po, schlanke Schenkel und volle Lippen – das gibt es jetzt auf Bestellung. Auf der Suche nach der perfekten Schönheit wollen sich immer mehr Mädchen unters Messer legen. Aber die OPs sind kein Spaziergang und auch nicht so gefahrlos, wie viele meinen.

Das musst du wissen:
Bei Jugendlichen, die noch nicht volljährig sind, müssen die Eltern ihr Einverständnis abgeben. Es sollte auf jeden Fall ein ausführliches Beratungsgespräch erfolgen. Bei diesem Gespräch muss mindestens ein Elternteil anwesend sein. Danach sollte eine Wartezeit von ca. einem halben Jahr eingeplant werden, damit der Patient genügend Zeit hat, nochmals über alles nachzudenken. Schönheits-OPs sind nicht gerechtfertigt, wenn jemand einfach aussehen will wie ein Popstar.
Es gibt aber Fälle, in denen eine Operation sinnvoll sein kann – z. B. bei einer Höckernase, abstehenden Ohren, extremen Reiterhosen oder riesigen Brüsten –, weil das die psychische Entwicklung gefährden kann. Bei solchen Problemen stehen dann auch die Chancen nicht schlecht, dass die Krankenkasse wenigstens einen Teil der Kosten übernimmt.

Die wichtigsten Schönheitsoperationen

- Bei Nasenkorrekturen (ab 16 Jahre) werden am häufigsten Höcker abgetragen oder die Scheidewand begradigt. Der Eingriff erfolgt durch die Nasenlöcher unter Vollnarkose. Es entstehen keine sichtbaren Narben.
- Abstehende Ohren können bereits mit fünf Jahren korrigiert werden.
- Bei einer Brustvergrößerung werden Implantate aus Silikon, Hydrogel oder Kochsalzlösung durch einen Schnitt an der Achselhöhle eingeschoben, damit man die Narben nicht sieht. Aber: Brustimplantate sind und bleiben Fremdkörper, die vom Gewebe abgestoßen werden können. Deshalb müssen die Kissen auch alle 15 Jahre ausgewechselt werden. Bei jungen Frauen sind die Schmerzen nach dem Eingriff größer, weil das Gewebe sehr straff ist. Brustvergrößerungen dürfen in Deutschland erst ab 18 Jahre vorgenommen werden.
- Bei der Brustverkleinerung wird überflüssiges Haut- und Fettgewebe durch einen Schnitt in der Brustfalte oder Achselhöhle herausgeschnitten. Meist wird auch die Brustwarze nach oben versetzt. Vor allem bei jungen Mädchen können größere Narben zurückbleiben, weil der Körper in diesem Alter noch wächst.
- Beim Fettabsaugen (ab ca. 18 Jahre) wird Fett an den typischen Problemzonen wie Bauch, Oberschenkel und Po abgesaugt. Fettabsaugen eignet

sich nicht zur Gewichtsabnahme! Das kannst du viel besser durch gesunde Ernährung und Sport erreichen. Denn nach dem Absaugen ist die Haut oft faltiger und schlaffer.
Außerdem gibt es noch viele andere Nebenwirkungen bei so einer Operation. Es kann sogar zu Komplikationen kommen, die für die Patientin tödlich enden.

Gefallen um jeden Preis?

Fast jedes Mädchen hat irgendwann mal Zweifel, ob es gut aussieht. Fast immer stecken tiefere Gründe wie ein Streit mit dem Freund, Hänseleien in der Schule oder eine unglückliche Liebe dahinter. Mädchen geben dann gerne ihrem Aussehen die Schuld und vergessen ganz, was richtig toll an ihnen ist. So gut wie niemand ist vor solchen Komplexen gefeit. Aber eine Operation kann man nicht rückgängig machen, und ganz ungefährlich ist sie auch nicht. Und mal ehrlich, wer will schon aussehen wie eine Barbiepuppe?

Register

P

R

S

Wie ticken Jungen?
Alles über Außerirdische

Jungen sind anders als Mädchen – oder? Warum sind sie meist so unromantisch, woran merken Mädchen, dass ein Junge in sie verliebt ist, und worüber unterhalten sich Jungen eigentlich untereinander? Der Ratgeber beschäftigt sich mit allen Fragen und Vorurteilen, mit dem Kennenlernen, mit Freundschaft und mit Sex – ernsthaft, ausführlich, aber immer mit einem Augenzwinkern. Ein absolutes Muss für Mädchen!

Trude Ausfelder

Typisch Jungen –
Alles was Mädchen über Jungen wissen wollen

Einband von Kerstin Schürmann, formlabor,
Innenillustrationen von Yayo Kawamura,
Fotos von Claus Troendle
Ab 12 Jahren · 176 Seiten
ISBN 978-3-7817-0106-9

Alle mittendrin-Titel und vieles mehr unter: www.erika-klopp.de

KLOPP

Alles über die aufregendsten Jahre im Leben

Die Zeit des Erwachsenwerdens ist voller neuer Erfahrungen und oft nicht einfach! Probleme mit den Eltern, Liebe und Sexualität beschäftigen die Jugendlichen und nicht nur der eigene Körper, sondern das ganze Leben verändert sich von Grund auf. Die erfolgreichen Ratgeber beantworten klar und übersichtlich alle Fragen, die Mädchen und Jungen in diesen aufregenden Jahren haben. Mit einem ausführlicher Adressenteil.

Trude Ausfelder
Alles, was Mädchen wissen wollen
Infos und Tipps für die aufregendsten Jahre im Leben

Einband von Kerstin Schürmann, formlabor
Ab 12 Jahren · 256 Seiten
ISBN 978-3-7817-0100-7

Trude Ausfelder
Alles, was Jungen wissen wollen
Infos und Tipps für die aufregendsten Jahre im Leben

Einband von Kerstin Schürmann, formlabor
Ab 12 Jahren · 256 Seiten
ISBN 978-3-7817-0101-4

Schluss mit dem Single-Leben!

Frisch verliebt? Das ist ja großartig! Aber du traust dich nicht, deinen Schwarm anzusprechen? Der Flirt-Ratgeber macht selbst Schüchternen Mut, den netten Jungen vom Schulhof anzusprechen. Ihr findet alles, was Ihr wissen möchtet über das erste Date, das große Glück, den ersten Krach und die erste Trennung. Dazu viel Wissenswertes über Jungen, ihre Körpersprache, ihre geheimen Ängste und Wünsche und vieles mehr.

Mit Anmach-Tricks und Kennlern-Tipps für alle Gelegenheiten!

Karin Probst
Flirten! –
Mit Beauty-Tipps, Anmach-Tricks und den besten Ideen gegen Liebeskummer
Einband von Kerstin Schürmann, formlabor,
Innenillustrationen von Yayo Kawamura,
Fotos von Claus Troendle
Ab 12 Jahren · 176 Seiten
ISBN 978-3-7817-1624-7

Alle mittendrin-Titel und vieles mehr unter: www.erika-klopp.de

KLOPP

Partyspaß mit gefährlichen Folgen

Immer muss Kira funktionieren! Doch irgendwann hält sie den Leistungsdruck nicht mehr aus und nimmt mit ihrem Freund Jannis eine Ecstasy-Pille. Der Glücksrausch, den sie erlebt, lässt sie häufiger zur Droge greifen. Der Anfang vom Ende?

Henriette Wich
Sehnsucht Ecstasy

Einband von Kerstin Schürmann, formlabor
Ab 13 Jahren · 192 Seiten
ISBN 978-3-7817-2350-4

Seitdem Marla auf der Party von Rike war, wird sie verfolgt. Ihr Telefon klingelt, per Handy erhält sie anonyme Einladungen und eines Tages liegen Rosenblätter auf ihrem Bett: Wer ist der unheimliche Fremde? Und was will er von ihr?

Patricia Schröder
Unheimliche Nähe

Einband von Kerstin Schürmann, formlabor
Ab 12 Jahren · 240 Seiten
ISBN 978-3-7817-1893-7

Alle mittendrin-Titel und
vieles mehr unter: www.erika-klopp.de

KLOPP